JOURNAL DE MATIGNON

NICOLAS BAZIRE

Pour Stéphane Dagicour

ce

JOURNAL DE MATIGNON

qui tente de raconter un parcours d'obstacle pas ordinaire.

Très amicalement

A Bois Guillaume

le 18/4/96

PLON

à Charlotte, Mathilde, Benjamin et Thibaut

ISBN : 2-259-18312-3

1

Où l'on commence par la fin

Mercredi 17 mai 1995, j'entreprends enfin ce fameux journal que depuis mon enfance je me suis promis cent fois de tenir. Sans succès. Sauf pendant quelques semaines, il y a quinze ans, sur le porte-hélicoptères Jeanne-d'Arc. Il avait fallu l'isolement qu'implique un bâtiment de guerre pour m'y contraindre.

Depuis, j'ai touché terre et reconquis la liberté... de ne plus écrire. Mais aujourd'hui une période de ma vie s'achève brutalement. Elle sera nécessairement suivie d'une autre, très différente, et je veux commencer par me souvenir de ces deux années 1993-1995. Pourquoi ne pas l'avouer : je sais qu'elles demeureront pour moi une aventure unique, exceptionnelle. Ce que je souhaite, c'est simplement essayer de confier comment j'ai ressenti, comment j'ai compris les événements, les personnages de cette scène haute en couleur qu'est la politique française. Je ne serai pas exhaustif, puisque je n'ai pris aucune note ; je ne serai pas objectif (comment le serais-je et surtout pourquoi le serais-je ?). Je ne pourrai pas tout dire, naturellement, parce qu'il y a des secrets qui ne m'appartiennent pas (mais, à ma connaissance, les secrets d'État sont peu nombreux), et aussi par prudence, devrais-je dire par retenue. Ayant d'emblée découragé mon éventuel lecteur, je lui promets seulement d'être honnête.

L'honnêteté, en matière politique, c'est reconnaître que je ne peux livrer qu'un témoignage partisan, orienté, parfois même infidèle, mais qui correspondra à ce que j'ai vécu dans ces fonctions, au titre un peu démodé de directeur de cabinet. Les éditions scolaires de Molière n'omettent jamais lorsque Alceste dans *Le Misanthrope* juge un sonnet « franchement bon à mettre au cabinet » de signifier par une note en bas de page qu'il s'agit bien d'un bureau ; soit dit en passant, je n'aurais pas aimé être « directeur de bureau ». Va donc pour directeur de cabinet, et ce d'autant que je ne le suis plus !

Comme prévu, tout s'est passé ce matin gris et pluvieux d'avril 1995 (le temps eut l'élégance de s'accorder à mon humeur de ce jour) exactement comme, deux ans plus tôt, lorsque Pierre Bérégovoy avait transmis ses pouvoirs de Premier ministre à Édouard Balladur.

A la différence de beaucoup d'équipes ministérielles (cette métaphore sportive me fait toujours sourire, car le gouvernement est une équipe qui joue seule, au point de marquer parfois des buts contre son camp !), celle qu'avait constituée Édouard Balladur se savait engagée pour un contrat à durée déterminée et fixée d'avance à deux ans. Psychologiquement, c'est sûrement un avantage : nous n'avons jamais cru avoir l'éternité devant nous. Même si ce n'était pas le cas pour tout le monde dans l'opposition, et même dans la majorité, pour nous, ces deux ans étaient courts.

Depuis quelques jours, donc, l'Hôtel Matignon s'apprêtait à vivre une énième succession. Je ne me suis pas amusé à vérifier le nombre de ces déménagements-aménagements depuis que le chef du gouvernement a élu domicile rue de Varenne en 1936, mais tout paraît rodé. Toutes les notes, dossiers, sont archivés pour assurer « la continuité de l'État ». Elle paraissait d'autant moins menacée ce 17 mai 1995, que le nouveau Premier ministre, le ministre de l'Éducation, celui des Affaires européennes, des Affaires étrangères, de l'Économie et des Finances, des Télécommunications, de la Culture et de la Fonction publique étaient déjà ministres dans le gouvernement d'Édouard Balladur. Il n'empêche, il fallait que tout soit en ordre, telle avait été la consigne reçue par les conseillers techniques depuis plusieurs jours. Après moult manutentions de cartons, classeurs, chronos et parapheurs en tous genres, la situation était saine depuis la fin de la semaine : les bureaux vides de papiers, les annuaires bien rangés sous la batterie des téléphones ; les pendules marquaient l'heure juste.

A dix heures, le Premier ministre m'accueille une dernière fois à Matignon, dans son bureau. L'hôtel n'a pas été conçu pour héberger le chef du gouvernement, on s'en aperçoit vite. Il compte peu de pièces de travail : cinq au premier étage. Trois donnent sur un parc, unique à Paris, planté d'arbres aux essences infinies et notamment de marronniers et de hêtres qui m'ont fait, deux ans durant, penser à ceux de mon village de Bourville, niché en plein pays de Caux.

Édouard Balladur avait choisi l'un des bureaux sur le parc, celui-là même qu'avait occupé Georges Pompidou, et transformé en salle de réunion pour les conseils interministériels celui de son prédécesseur, le plus somptueux, au milieu de la façade XVIIIe, qui enserre dans ses boiseries dorées des Fragonard et des Boucher. (Quelques heures après son départ, il redeviendrait le bureau du nouvel hôte de Matignon.)

Nous avons une demi-heure devant nous avant l'arrivée de la garde montante commandée par Alain Juppé. Comme il fait froid, le Premier ministre allume le feu, avec précision et attention, ainsi qu'il fait toute chose : les bûches ne doivent être ni trop serrées, ni trop espacées pour s'enflammer au contact brûlant des articles de MM. Suffert, Giesbert et Bréhier, roulés irrespectueusement en boules. Combien de fois, voulant prêter la main, me suis-je entendu dire : « Laissez, vous n'y connaissez rien », moi qui m'enorgueillissais, à Bourville, de démarrer un feu avec des bûches trempées par la pluie normande.

Alain Juppé héritera, dès son arrivée, d'une flambée claire et accueillante.

Attendu à 10 h 30, le nouveau Premier ministre – est-ce parce qu'il connaît d'expérience la ponctualité légendaire d'Édouard Balladur? Parce qu'il a mal estimé la distance qui sépare le quai d'Orsay de la rue de Varenne ? – survient avec plus de cinq minutes d'avance. Il n'en faut pas plus pour troubler le protocole militaire et républicain établi à la seconde près par Gilles Huberson, commandant militaire de l'Hôtel Matignon et officier de gendarmerie exemplaire. Lui qui a su veiller sur la sécurité de tous nos hôtes, de Yasser Arafat à Bill Clinton en passant par Salman Rushdie, est effondré de ce « blanc » de quelques minutes. La vie politique est aussi faite de détails. Un an après, certains commentateurs insinueront encore que l'un est délibérément arrivé en avance et l'autre volontairement descendu trop tard !

Immédiatement prévenu, Édouard Balladur vient accueillir Alain Juppé et le conduit à son bureau. Dans le même temps, comme il y a deux ans, je dois recevoir mon successeur. Que lui dire ? A-t-il simplement envie d'entendre quelque chose ? A sa place, vingt-cinq mois plus tôt, on ne m'avait pas dit grand-chose. Mon entretien avec Marc-Antoine Autheman avait pourtant duré une heure puisqu'il fallait « tenir » autant que les deux Premiers ministres. Pendant cette heure-là, je n'avais pensé, même si cela peut paraître étrange, qu'au jour où, moi aussi, il faudrait que je passe la suite, comme on dit dans la Marine.

J'ai été mélancolique le jour de mon départ mais pas tellement plus que celui de mon arrivée. Je dois pourtant à la vérité de reconnaître que ce mardi 30 mars 1993, j'étais heureux. Heureux comme Indiana Jones au début d'un nouveau film ! Je n'étais jamais venu à Matignon et je devenais le plus jeune directeur de cabinet de Premier ministre de la Vᵉ République. Plus d'un an à l'avance, Édouard Balladur m'avait dit que, si d'aventure le destin et les élections devaient faire de lui le prochain Premier ministre, il me choisirait comme directeur de cabinet.

Ce choix pouvait être contesté par beaucoup. Il le fut. J'étais trop jeune, inexpérimenté, le poste faisait l'objet de mille convoitises et suscitait parmi les fonctionnaires les mêmes ambitions et donc les mêmes manœuvres qu'au sein de la future majorité, ceux, plus politiques et plus en vue, de membres du gouvernement.

Mais Édouard Balladur est ainsi fait que, m'ayant annoncé sa décision, il ne m'en reparla plus jusqu'au jour de sa prise de fonctions où il me dit simplement : « Faites en sorte que votre nomination paraisse au *Journal officiel* de demain. » C'était, comme lui, d'une grande sobriété. Et l'heure n'était pas aux effusions.

Pendant que je donnais à mon successeur Maurice Gourdault-Montagne les quelques éléments qui me paraissaient devoir lui être utiles, ce sont ces souvenirs-là qui me traversaient l'esprit. Drôle de confusion des temps : alors que je parlais à mon prédécesseur en 1993, c'est à mon successeur que je pensais ; le jour de mon départ, je revivais presque geste pour geste notre arrivée.

Au bout d'un peu plus d'une heure, Alain Juppé, désormais Premier ministre, raccompagne Édouard Balladur, salué dans la cour de Matignon par ses collaborateurs rangés en une haie serrée. Une jeune femme pleure silencieusement. Un dernier regard à cette cour aux pavés inégaux et je rejoins la voiture de « mon » Premier ministre. A quoi pense-t-il ? J'aimerais l'aider à passer ce moment qui ne peut pas être agréable, mais il est d'une impassibilité et d'un calme déroutants. Il a, certes, horreur de l'exhibitionnisme mais je me demande s'il ne met pas une once de provocation dans cette indifférence affichée. Une réunion à la mairie du XVe a été organisée pour préparer les prochaines municipales. Il a, me dit-il, juste le temps de me déposer où je veux : j'ai donné rendez-vous à quelques-uns de mes collaborateurs boulevard Saint-Germain au 215 *bis*, là où tout a commencé en 1988.

Les formes, les rites aident à vivre certains moments. Refaire le chemin à l'envers, dit la chanson : parti du boulevard Saint-Germain pour Matignon, il y a deux ans, c'est là que j'ai envie de revenir. Depuis deux ans, je n'y suis jamais repassé.

Au fond, c'est sur la place Saint-Marc qu'il faudrait toujours rompre une liaison nouée à Venise.

2

215 bis, boulevard Saint-Germain

Sept années se sont écoulées depuis cet été de 1988 où l'on m'avait proposé de rejoindre Édouard Balladur.

J'étais depuis un an magistrat à la Cour des comptes et assez heureux de l'être puisque, après tout, la Cour figure (certes au troisième rang), parmi les « grands corps » que se disputent les énarques à la sortie de cette longue période de classement qu'on appelle par antiphrase la « scolarité » de l'ENA.

J'ai toujours eu du goût pour l'uniforme, et la robe moirée des conseillers ne me déplaisait pas. Comme beaucoup de mes prédécesseurs, j'ignorais à peu près totalement le type d'activités qu'il me serait donné de pratiquer à la Cour mais je savais que « sortir à la Cour », selon l'expression consacrée, ouvrait des perspectives « hors la Cour ». De cette période de ma vie, je conserve un bon souvenir et d'abord parce que j'ai eu la chance d'y travailler sous l'autorité d'un homme exceptionnel de droiture. Jacques Berthe, ancien officier de marine, protestant rigoureux et d'une grande culture, présidait, avec une autorité qui n'avait d'égale que son infinie courtoisie, la section des PTT de la 4e chambre à laquelle j'avais été affecté. Son soutien constant m'a permis pendant trois années de poursuivre mon activité à la Cour, tout en me préparant aux côtés d'Édouard Balladur à ce qui allait suivre.

La Cour, qui s'honore aujourd'hui de compter dans ses rangs le président de la République et celui de l'Assemblée nationale ainsi que le ministre du Budget, offre à qui veut bien l'observer un spectacle intrigant.

Le bâtiment, rue Cambon, n'a rien de très original et la grand'chambre pourrait être celle d'autres palais de justice. Non, ce qui fait l'originalité de « notre » maison, c'est ce mélange de traditions séculaires, d'archaïsmes quelquefois et de modernité.

J'ai connu, lors de mon arrivée à la Cour, un magistrat qui ne percevait pas son traitement, « par délicatesse »; lors de la visite de courtoisie que je lui rendis, conformément à la tradition qui veut que l'on rencontre individuellement tous les conseillers-maîtres (ou que l'on dépose dans leur bureau une carte de visite cornée) il m'avait indiqué qu'il ne souhaitait pas travailler avec moi. Devant ma surprise d'un jugement si tranché sur mes capacités, il avait précisé avec un sourire d'une exquise urbanité – la même sûrement que son aïeul, président de Chambre des comptes sous Louis XIV –, que pour sa part, il ne travaillait pas et que si, d'aventure, un rapport quelconque lui était confié, il ne pourrait s'agir que d'un travail si rébarbatif qu'il ne pouvait souhaiter m'y associer!

Mais la Cour ce n'est plus seulement ce parfum d'autrefois, c'est aussi le lieu où fut découverte l'affaire du Carrefour du développement, pour ne prendre qu'un exemple relativement ancien.

Édouard Balladur a coutume de me reprocher mon manque d'esprit critique, mon conformisme, parce que je me suis senti bien à peu près partout où je suis passé ! J'aime la Normandie parce que je suis normand. Je garde de la Marine des souvenirs très forts (mais qui n'en aurait pas ?) et il est vrai que je me suis plutôt bien senti à la Cour des comptes. Peut-être parce que l'on y est libre.

Après une journée consacrée à l'apprentissage de ce nouveau métier et aux quelques « ménages » que j'avais pu décrocher – maître de conférence à Sciences Po, professeur de « méthode » à l'European Business School, chroniqueur économique à la *Revue de Défense nationale* – Jean-Marie Messier m'avait proposé de travailler auprès d'Édouard Balladur. C'était en juillet 1988. J'avais accepté immédiatement.

Sur le plan politique ce n'était pas, à l'époque, complètement judicieux puisque Jacques Chirac venait de perdre l'élection présidentielle de 1988 et cinq années au moins de pouvoir socialiste s'ouvraient devant nous. Les jeunes et brillants hauts fonctionnaires, mes camarades, cherchaient plutôt à entrer dans les cabinets ministériels « de gauche », quitte à oublier leurs convictions précédentes, s'ils en avaient eu. La législature s'avançant, j'ai pu observer presque physiquement le reflux de cette vague de 1988. Je me souviens de l'un d'eux, énarque type, à mettre, s'il devait en exister une, dans une anthologie. Convenablement, mais sobrement habillé, le cheveu rare pour mieux laisser voir un front typiquement dolichocéphale, les lunettes d'écaille réglementaires, attestant de l'usure prématurée des yeux : bref, l' « énarque ».

A peine sorti du cabinet ministériel où il avait exercé ses talents entre 1986 et 1988, il s'était présenté à moi afin de travailler pour l'ancienne majorité devenue l'opposition. Quelques mois plus tard, la perspective d'une promotion au sein de son administration l'avait conduit à me dire qu'il lui fallait cesser toute collaboration avec nous – elle avait été mince – pour se consacrer, en toute déontologie, à ses nouvelles fonctions et à ses nouveaux maîtres. Trois ans après, Édouard Balladur étant présenté par les sondages et la presse comme le prochain Premier ministre, il trouva naturel de venir me proposer à nouveau ses services. Trop tard : nos équipes étaient constituées. Mais la vie n'est pas cruelle à qui sait s'y prendre : il vient d'obtenir la nomination dont il rêvait. Je m'en réjouis pour lui.

Comportement caricatural d'énarque ? Rien n'est plus irritant que les généralisations : à la formation de chaque gouvernement, la presse mesure le pourcentage de ministres issus de l'ENA. Inutile de dire que plus le nombre est élevé, plus le handicap médiatique est lourd. Quelle est la réalité ? Depuis vingt et un ans, trois chefs de l'État se sont succédé, deux sont issus de l'école de la rue de l'Université. En 1995, les trois principaux candidats, premiers à l'issue du premier tour, étaient énarques. Sur dix Premiers ministres, six présentaient la même origine. Plus remarquable encore, Matignon a successivement été occupé par un magistrat de la Cour des comptes, Jacques Chirac, deux membres du Conseil d'État, Laurent Fabius et Édouard Balladur, et deux inspecteurs des finances, Michel Rocard et Alain Juppé, jamais par un énarque administrateur civil !

Aujourd'hui le président de la République, le Premier ministre, le président de l'Assemblée nationale, l'homme fort du parti socialiste, le ministre des Affaires étrangères, celui du Budget, celui de la Santé, le ministre de la Recherche, le garde des Sceaux, le ministre de la Fonction publique, sont issus de l'ENA.

Demain, la compétition présidentielle opposera une fois encore des « camarades ». Nous pouvons être sûrs que la lutte contre la « technocratie » sera le thème d'un candidat au moins et peut-être de tous...

Comment expliquer une telle auto-animosité ? Pourquoi ne proteste-t-on pas contre l'omniprésence des diplômés d'une maîtrise de droit parmi les avocats ? Pourquoi ne fait-on pas grief à tous les chefs de service hospitaliers d'être docteurs en médecine ? Les cabinets ministériels regorgent d'énarques ? La belle affaire ! Ils ne font qu'y exercer leur métier. Que leur reproche-t-on ? D'avoir tous été formés dans la même école ? Un peu d'honnêteté intellectuelle conduit à reconnaître qu'à l'ENA, on n'apprend pas grand-chose, ceux qui y entrent étant en général déjà formés.

Le mal est plus profond. On accuse pêle-mêle la « technocratie » d'être inexpérimentée, de concocter, et de militer pour une pensée unique ; au fond, on reproche aux hauts fonctionnaires de vouloir se passer de la politique, quand tous ceux qui l'ont approchée ne cessent, au contraire, d'en rêver !

Moi le premier peut-être. Lorsqu'on me propose de rencontrer Édouard Balladur, j'accepte avec empressement. Empressement traduit bien mon état d'esprit d'alors. Je ne suis, en 1988, d'aucun parti. Nos premières conversations politiques nous les eûmes, mes deux frères et moi, avec notre père, dès le plus jeune âge. Journaliste devenu administrateur au sein de l'ORTF, il a été, après la guerre, un ami et un condisciple de Jean Lecanuet, rouennais comme lui. Il a pour la chose publique une passion d'observateur qui, jusqu'à aujourd'hui, ne s'est pas démentie. Mais sa formation de journaliste, comme ses goûts propres et un certain scepticisme, ne l'ont pas poussé au militantisme.

Mon premier métier d'officier m'a, lui aussi, tenu éloigné de l'engagement politique : un militaire de carrière ne doit en aucune manière afficher ses opinions. Bref, en juillet 1988, je suis plutôt apolitique, c'est-à-dire que je me sens naturellement de droite.

Jean-Marie Messier, quittant le cabinet d'Édouard Balladur pour rejoindre une banque d'affaires, cherche quelqu'un pour assister son ancien ministre. Un ami commun me recommande à lui. De notre première conversation, je garde un souvenir précis : il était d'une grande clarté d'expression, allait droit au fait et donnait l'impression de n'avoir pas de temps à perdre. La suite de sa carrière, fulgurante, a montré qu'il n'en avait guère perdu. D'Édouard Balladur, il me dit peu de chose, sauf que chez lui la rigueur le dispute à l'exigence : que pourrait-il me dire de mieux, lui qui a préparé la politique de privatisation conduite de 1986 à 1988 !

Ce premier examen passé, un rendez-vous avec Édouard Balladur m'est fixé pour le lendemain, 215*bis*, boulevard Saint-Germain.

Arlette Le Bris, sa secrétaire particulière depuis vingt ans, m'accueille sans soupçonner une seconde que nous devrons, elle et moi, travailler en étroite collaboration de nombreuses années.

Dans cet appartement du boulevard Saint-Germain, l'ancien ministre des Finances occupe la plus petite pièce, au fond d'un couloir exigu et sombre.

Son bureau est clair, murs blancs, moquette grise, table nette et soigneusement rangée. Sur la cheminée, quelques photos d'enfants et une pendulette qui vous engage à être concis.

L'accueil est froid ; je ne suis pas à l'aise en entrant, il n'y a aucune raison pour que je le sois en sortant. Édouard Balladur me demande ce que je sais faire. Tout bien réfléchi, la question n'est pas commode. En fait, il faut entendre : « Que savez-vous faire d'utile, qui puisse m'être utile ? » Je ne suis pas brillant dans la réponse et, sollicitant ma mémoire, il me semble que je cafouille autour du mot « rien ». En repensant à cette scène, je suis sûr que la question ne se voulait pas déstabilisante, elle était simplement factuelle. Ma réponse aussi.

La seconde question, qui tient compte de la médiocrité de la première réponse, vient immédiatement. « Au moins (!) savez-vous organiser des colloques ? » Là c'était « carré », je pus répondre avec précision : je n'en avais jamais organisé. L'entretien dura encore quelques minutes, Édouard Balladur m'expliqua ce qu'il avait l'intention de faire : participer au débat d'idées, méditer sur les sujets importants pour notre pays : la fiscalité, l'Europe, la croissance et l'emploi. A aucun moment, je n'ai eu l'impression de me trouver en face d'un homme d'« opposition », au sens de la joute politique. Il entendait réfléchir, écrire, proposer. La première impression que je garde de lui, c'est bien cela : un homme politique pas tout à fait comme les autres ; il ne me parla pas des dernières présidentielles ou des prochaines législatives ; il ne me parla pas de ses pairs, pour se positionner par rapport à eux, il me dit simplement ce qu'il souhaitait faire. Après le temps de l'action comme numéro deux du gouvernement Chirac, le temps de la réflexion semblait venu.

Comment aurais-je pu imaginer, après ces quelques minutes d'entretien, que ma vie allait prendre, de cette minute, un cours nouveau ? Lorsque le lendemain, Jean-Marie Messier me rappela pour me dire que l'entrevue s'était bien passée, je me suis demandé sur quoi se fondait une appréciation aussi inattendue !

Commence alors pour moi une existence dont j'ignore tout, dans un monde inconnu, auprès d'un patron que je ne connais que par la presse.

Très vite, je comprends qu'il veut à la fois être informé et ne pas perdre son temps. La première note qui m'est demandée a trait au nouveau certificat d'investissement de Rhône-Poulenc. Le ni-ni (ni nationalisation, ni privatisation) a déjà des conséquences néfastes pour les entreprises publiques, qui vont devoir faire preuve d'une imagination débridée pour se financer. Édouard Balladur veut savoir exactement ce qui se fait.

Dans le même temps, il réfléchit à la période 1986-1988 et prépare un livre d'entretiens avec Jean-Pierre Elkabbach ; pour compléter sa documentation, il désire une note sur la crise sociale et étudiante de l'hiver 1986-1987.

Pour faire face à ces commandes pluriquotidiennes, je ne dispose que de peu de moyens. Ma situation est d'autant plus inconfortable que l'ancien ministre des Finances avait bénéficié, grâce à ses deux directeurs de cabinet successifs, d'une équipe exceptionnellement soudée et efficace. Le portrait de Jean-Claude Trichet n'est plus à faire. Que dire de lui ? Inspecteur des finances, naturellement, brillant causeur, il a été, après avoir dirigé le cabinet d'Édouard Balladur, un directeur du Trésor puissant et respecté, en France et dans la communauté financière internationale. Il a incarné, jusqu'à se retrouver mêlé à des combats politiques qu'il n'aime pas, la stabilité de notre monnaie et le progrès de l'idée européenne. Scientifique passé par l'École des mines, il a gardé un goût prononcé pour la représentation graphique des réalités économiques ; il n'est pas rare de le voir exhiber triomphalement l'évolution comparée de la couronne danoise et du franc luxembourgeois pour mieux appuyer son raisonnement. Souvent critiqué, il lui arrive d'agacer certains représentants de la classe politique, jaloux de son pouvoir, les antimaastrichiens et les contempteurs de la « technocratie », parce qu'il n'a pas la même logique qu'eux. Édouard Balladur, après l'avoir nommé à la direction du Trésor, en a fait le premier gouverneur de la Banque de France indépendante.

Charles de Croisset, qui lui a succédé à la tête du cabinet d'Édouard Balladur, ministre des Finances, est, lui aussi, inspecteur des finances ; ami proche de celui qui fut Secrétaire général de l'Élysée quand lui-même était jeune conseiller technique, il continue à lui manifester une fidélité indéfectible, que ses fonctions à la tête du CCF ne démentent pas.

Pendant des années, il a été pour moi celui à qui je pouvais m'adresser à chaque circonstance. Sous un humour corrosif se cachent une sensibilité et une chaleur très rares.

Boulevard Saint-Germain, en juillet 1988, le technocrate, au moins dans ces premières années, se fait rare. En tout et pour tout, j'ai dans mon sous-main la liste des anciens membres du cabinet « Rivoli » qui ont accepté de prêter leur concours. Je n'en connais, même de vue, aucun. Très vite, la bonne volonté de certains est plus manifeste. Appartenant pour ma part à un corps où l'avancement est automatique et d'ailleurs sans signification réelle, puisque le métier reste rigoureusement le même et, qui plus est, s'appuie sur l'inamovibilité de ses membres, j'ai beaucoup de respect pour les fonctionnaires exposés, eux, aux rigueurs de la politique, qui, par fidélité à un homme ou à des idées, prennent des risques pour leur propre carrière. Le hasard ou le destin font que le premier auquel je fais appel pour cette note sur Rhône-Poulenc se nomme Patrick Suet. Sans même que nous nous soyons rencontrés, il accepte immédiatement de m'informer, de m'expliquer ce que je n'ai pas saisi. Travailleur infatigable et rigoureux, d'une fidélité absolue à ceux qu'il a servis, Patrick a dû attendre un peu plus que les autres sa nomination au grade de sous-directeur. Fiscaliste consulté et écouté, fonctionnaire épris de la chose publique, il est tout naturellement devenu, cinq ans plus tard, mon adjoint puis mon successeur à la tête du cabinet du Premier ministre, au moment de la campagne de 1995.

Peu à peu, ma nouvelle vie s'organise; d'abord, comme me l'a annoncé Édouard Balladur, il me faut préparer des colloques. Si on se replace dans l'esprit politique de l'époque, on comprend mieux ce que peut être la personnalité de l'auteur de *Des modes et des convictions* : beaucoup plus porté à la provocation intellectuelle qu'on ne pourrait le penser. La droite parlementaire vient de perdre l'élection présidentielle de 1988, le programme économique libéral, fondé sur le développement de l'initiative, les privatisations et la baisse des impôts, est mis de côté, les Français lui ayant préféré la ligne défendue par le candidat Mitterrand et assez bien résumée par le célèbre « ni-ni ». Pour autant, le premier sujet de colloque choisi par l'ancien ministre de l'Économie, des Finances, du Budget et des Privatisations, est précisément « Le mouvement de privatisation dans le monde ».

Le succès intellectuel de la manifestation, à laquelle de nombreux ministres, chefs d'entreprise et universitaires étrangers ont contribué, ne suffit pas à intéresser la presse française que ne passionnent pas les exemples étrangers, et guère plus, il faut bien le reconnaître, les activités de notre jeune association pour le libéralisme populaire, en cet automne 1988.

Moins d'un an après, le second colloque est à peine moins iconoclaste puisqu'il est consacré à la « baisse des impôts ». L'ISF vient d'être rétabli, la CSG se prépare et, ceci, malgré des rentrées fiscales en croissance rapide. Cette fois, nous obtenons la collaboration de Maurice Allais, prix Nobel d'économie, qui conduit depuis des années une réflexion passionnée sur une réforme drastique de la fiscalité. Au risque de trahir sa pensée, je me souviens qu'il plaide à l'époque pour la suppression de l'impôt sur le revenu et l'instauration d'un impôt universel sur le capital évalué par chaque foyer. Originale, l'idée l'est pourtant moins encore que son auteur. Le privilège de préparer ce colloque avec le prix Nobel français me vaut de nombreuses conversations avec lui mais aussi un long moment d'effroi quand, le matin même du colloque, Maurice Allais m'annonce par téléphone qu'il a décidé de ne plus prononcer son discours, notre organisation lui paraissant insuffisante. Le ciel me tombant sur la tête ne m'aurait pas plus accablé que la décision, heureusement éphémère, du président d'honneur de notre colloque.

Depuis un an, je savais que le montage de ce type d'événements n'était pas à proprement parler une partie de plaisir, surtout pour un amateur ! Je m'étais habitué à l'anxiété des chaises vides le matin de la conférence et je n'avais jamais envisagé, comme d'autres, de payer des figurants, mais il faut bien avouer que débattre de sujets aussi austères n'attirait pas forcément les foules. Le maire de Paris, studieusement assis au premier rang, n'omettait jamais, lui, d'être parmi nos auditeurs, croisant et décroisant ses longues jambes de plus en plus rapidement à mesure que les feuillets de la conférence inaugurale du Pr Allais s'égrenaient. Je pense qu'il ne voyait pas exactement la nécessité de ce genre d'exercices, de même qu'il n'arrivait pas à comprendre pourquoi Édouard Balladur écrivait livre sur livre. Un jour du début de 1993, que Jacques Chirac me vantait inutilement tant j'en étais convaincu les qualités et les vertus de mon patron, il avait conclu, en me montrant du doigt la pile d'ouvrages signés Édouard Balladur sur son bureau : « Mais pourquoi écrit-il tous ces livres ? Il se fait du tort ! » Je n'ai jamais bien compris cette remarque. Pourquoi des livres d'Édouard Balladur publiés à plusieurs années d'intervalle figuraient-ils en permanence sur le bureau de Jacques Chirac ? Pourquoi estimait-il que leur auteur se nuisait à lui-même en écrivant ? Aujourd'hui encore, je n'ai pas de réponse, d'autant moins que celui qui s'interrogeait, désormais président de la République, a organisé sa propre campagne présidentielle autour d'un livre en deux tomes. Peut-être le succès d'Édouard Balladur en 1993 lors de son arrivée à Matignon doit-il quelque chose au *Dictionnaire de la réforme* ou à *Des modes et des convictions*. Peut-être le succès de Jacques Chirac en 1995, dans sa lutte pour l'Élysée, doit-il aussi quelque chose à l'écriture. Ce n'est pas, au début des années 1990, sa conviction.

3

Les voyages

Édouard Balladur, lui, poursuit sa réflexion : s'il souhaite ces colloques et ces débats, c'est qu'il veut comprendre les problèmes de la France, imaginer des solutions. Pour cela, il lui faut aussi voir la France du dehors. Il accepte donc, à raison de trois ou quatre fois par an, les invitations de gouvernements ou d'universités étrangères. Avec lui, je rencontrerai George Bush, les dirigeants japonais, brésiliens, mexicains, Lee Kwan Yew, le patriarcal leader singapourien, inventeur d'un modèle capitaliste autoritaire qui, au prix d'un régime musclé, fait de cette île au climat équatorial, un véritable jardin anglais.

Lorsqu'il est reçu tour à tour par John Major et Helmut Kohl, les problèmes monétaires sont, dès avant le traité de l'Union européenne, le plat de résistance des conversations.

Le hasard du calendrier veut que le jour même de la signature du traité de Maastricht, Margaret Thatcher accueille à Londres Édouard Balladur. Elle vient de quitter le pouvoir à la suite d'un véritable coup d'État au sein du parti conservateur;

l'humeur est combative. Les nouveaux bureaux de la Dame de fer sont en plein aménagement ; slalomant entre les cartons, nous parvenons au salon où l'ex-Premier ministre britannique attend le futur Premier ministre français. Tirée à quatre épingles, les cheveux parfaitement domestiqués, Margaret Thatcher salue Édouard Balladur avec beaucoup de chaleur. Elle est très heureuse de le recevoir, dit-elle, et de l'écouter exposer ses vues sur la situation actuelle de l'Europe. Mais écouter n'est pas exactement sa tasse de thé et elle garde donc la parole sans qu'il soit possible, le moins du monde, de l'interrompre. Elle parle, encore et encore, avec une diction parfaite et un feu intact. Elle décrit les tracasseries européennes, la révolte immanquable des peuples, pour conclure sa philippique d'un magistral : « We don't need any Commission at all ! And, you know, M. Delors is a dangerous man ! »

Tant de verve laisse Édouard Balladur légèrement pantois bien qu'il n'en montre rien. Qui a parlé d'*understatement* au pays des lords ?

Peu à peu, le rôle que joue Édouard Balladur dans la vie politique française est pris en compte par nos hôtes étrangers. Lorsqu'en 1992, le président Frédéric De Klerk l'invite en Afrique du Sud, c'est déjà, politiquement, un voyage officiel. Il nous permet de comprendre comment la transition entre l'apartheid et la démocratie va s'opérer. Je me souviendrai longtemps de l'accueil de Nelson Mandela.

Le contact physique est impressionnant. Il est déjà un homme d'État, posé, mesuré, d'une grande distinction d'expression et de comportement, incarnant réellement le destin d'un pays qu'il est en train de façonner.

Ces voyages réguliers, qui ne durent jamais plus de trois ou quatre jours, me laissent aujourd'hui encore une forte impression. Sans que je puisse dire exactement quoi, ils m'ont beaucoup apporté, au-delà même des contacts que j'ai pu avoir avec tel ou tel proche des personnalités que nous visitions. C'est à cette époque que j'ai noué avec Joachim Bitterlich, conseiller diplomatique du chancelier Kohl, des liens étroits qui devaient, à Matignon, se révéler indispensables. Typiquement germanique, défenseur habile et acharné des intérêts de son pays, il est parfaitement francophone, ancien élève de l'ENA (faut-il là aussi regretter que l'ENA forme des dirigeants étrangers ?) et marié à une Française.

Mais j'ai surtout peu à peu appris à connaître Édouard Balladur. Chaque voyage comportait son étape « culturelle » ; soif de découvrir, impatience devant les hésitations ou les lenteurs de nos guides d'un jour ; goût d'aller à l'essentiel, vite, tel était l' « honnête homme », derrière le politique. « On n'a pas besoin de tellement de temps pour comprendre et aimer, dit-il. Le commentaire détruit le sentiment qui, seul, importe. »

Dans mes souvenirs, les images se superposent ; il y a les jardins zen de Kyoto, les musées de Hongrie visités au hasard d'une étape dans la campagne qui entoure Budapest, la foi dans son pays et l'optimiste d'un Joseph Antall, pourtant aux portes de la mort, les yeux translucides d'une jeune député du Forum démocratique, Édouard Balladur écourtant une réunion à Rio pour se baigner une dernière fois dans les rouleaux de l'Atlantique-sud à Ipanema, le même plongeant au mépris de toute prudence du pont du bateau qui nous faisait visiter la rade de Rio à deux heures de l'après-midi, son verre de Kaipirinha à peine reposé, journée en mer qui nous valut, à lui et à moi, le coup de soleil le plus cuisant de notre vie. J'entends encore les conseils surprenants, pour qui connaissait mal l'ancien ministre des Privatisations, donnés aux dirigeants que nous rencontrions, engagés dans une politique de privatisation : « Attention, ne vendez pas votre patrimoine à l'étranger, avancez à pas comptés. »

Plusieurs années ont passé depuis l'entretien d'Édouard Balladur à Washington avec George Bush. C'était au mois de juin 1992, le président des États-Unis était fatigué par une campagne longue et difficile. Donné gagnant six mois auparavant au point que la collecte de fonds pour le parti démocrate avait du mal à s'engager, il était en train de perdre, faute de quelques mois pour que la reprise économique fasse sentir ses effets. Le Bureau ovale est sûrement mieux connu des Français que le bureau du président de la République ou celui du Premier ministre; les reportages, les films, les reconstitutions l'ont rendu célèbre dans le monde entier.

Je suis certainement naïf et exagérément impressionnable, mais je manquerais à la vérité si je cachais que j'ai ressenti, en pénétrant dans ce Bureau ovale, une émotion particulière. Je dois avouer que Pierre Lellouche, qui accompagnait également Édouard Balladur, n'était, lui, nullement impressionné, se carrant dans son fauteuil avec une aisance admirable. Pour moi, j'éprouvais la sensation d'être physiquement au cœur du pouvoir. Je n'ignorais pas les limites de tous ordres qui bornent la volonté de celui qui préside les États-Unis, le Congrès, l'opinion publique, l'opposition, le pouvoir économique, la Constitution, la presse, venant heureusement contrecarrer le président américain ; il n'importe, j'ai eu le sentiment quasi charnel d'être au nœud d'une puissance immense, si elle n'était pas absolue. Je garde de mon passé d'officier une échelle de valeurs quelque peu militaire et, sous les traits de George Bush, je voyais le chef de la plus formidable armée du monde, celui qui, quelques mois auparavant, avait souverainement expédié, à dix mille kilomètres de leurs bases, un demi-million d'hommes. Je ne voudrais pas passer pour plus simpliste que je ne suis en indexant la puissance au nombre des divisions – l'influence de Jean-Paul II sur l'évolution de l'Europe de l'Est a assez démontré l'inanité de la célèbre question de Staline : « Le Pape, combien de divisions ? » – mais lorsque le président des États-Unis veut ou ne veut pas une chose, il a tout de même quelques atouts pour faire prévaloir ses vues. Trois ans et demi durant, les soubresauts de la crise bosniaque nous firent mesurer le poids de l'abstention américaine.

Cette impression magique de puissance émane de tout Washington. A la « Trésorerie » comme au Pentagone, on pèse sur les affaires du monde, et on le sait.

Pourquoi ne pas le dire, à la sortie du Bureau ovale, il m'a fallu quelques efforts pour, retournant à Paris, me défaire de l'impression que nous regagnions notre province à nous.

J'ai conservé de ce moment deux certitudes. La première c'est, j'allais dire naturellement, l'importance primordiale que l'on doit attacher à la construction européenne, et pas seulement économique ou monétaire ; il nous faut compter militairement pour être écouté autrement que poliment. La seconde est plus difficile à exprimer parce qu'elle est plus culturelle que politique. Sans probablement qu'il y ait de volonté délibérée, de plan de conquête globale, la culture américaine est en train de nous submerger. C'est une banalité que de le dire, mais la résistance concrète, elle, n'est pas simple à mettre en œuvre. Lors des négociations du GATT, après des mois de palabres, de rendez-vous, de promesses et de contradictions, un coup de téléphone, assez difficile, entre Édouard Balladur et Bill Clinton a permis de débloquer, un peu, la situation. Combien de temps pourrons-nous résister et n'avons-nous comme seule perspective que de retarder de quelques années l'échéance fatale ? J'avais été frappé d'entendre l'un de mes enfants me dire, après que nous eûmes regardé *L'Addition*, film français interprété par Richard Berri et Richard Borhinger, deux acteurs que j'aime beaucoup : « C'est bien, mais moins bien que *Midnight Express*. » Le thème traité (la prison) était le même, mais le rythme, la violence, étaient plus crus dans le film américain. Il ne m'était pas venu à l'idée que l'un puisse être inspiré de l'autre mais, en matière cinématographique comme en cuisine ou pour la mode, nos enfants se perçoivent eux-mêmes comme des cousins de Bretagne s'ils n'ont pas des « Nike » pour aller au MacDo.

Au-delà des discours convenus sur l' « exception culturelle », ce sujet, à mon sens, ne mobilise pas assez la classe politique dans son ensemble. Il est vrai qu'en la matière, l'État est loin d'être tout-puissant et seul acteur.

Quelques mois plus tôt, c'était en mars 1992, nous étions en Israël, le hasard faisait que je lisais à la même époque l'*Histoire des croisades* de René Grousset. La visite aux Lieux saints des trois grandes religions monothéistes avec Édouard Balladur était un plaisir, il connaît Israël depuis longtemps et nourrit pour l'histoire une véritable passion. Je revois, perdue au détour d'une petite route, l'église du monastère d'Abou Gosh, témoignage des croisades, fille lointaine en Terre sainte du Bec-Hellouin ; j'éprouve aujourd'hui encore la sérénité du jeune bénédictin qui nous conduisit sur les pas des chevaliers qui édifièrent son monastère. Que peut-il attendre de la vie terrestre ? A quelques kilomètres de lui, le Saint-Sépulcre est là pour lui rappeler, quasi charnellement, le sens de l'existence. Que pense-t-il de nous, de la classe politique, de ses calculs, de ses ambitions, de ses luttes ? A-t-il conscience d'être, avant les autres, parvenu à l'apaisement ? A sa place, mais je n'y suis pas, je me pose à notre sujet toujours la même question : « Après quoi courent-ils ? » Plusieurs fois par an, je vais en Normandie à l'abbaye de Fontenelle fondée au VIIe siècle, nichée dans une boucle de la Seine et elle aussi tenue par des bénédictins. Dire que le site est magnifique est très en dessous de la vérité. Du fait des destructions successives qui commencèrent avec les premières invasions normandes et s'achevèrent avec la Révolution, il reste peu de chose de l'ancienne abbatiale. Une arche miraculeusement épargnée s'élève seule, immense et inutile sur le ciel normand. La nouvelle église, édifiée il y a vingt ans par les moines eux-mêmes, est une ancienne grange à dîme démontée et acheminée là pour être reconstruite et consacrée. Modèle d'équilibre et de simplicité, elle est imprégnée de l'odeur de l'encens répandu à chaque office par les quarante membres de l'ordre de Saint-Benoît. Que sont-ils venus chercher ici qui leur donne ce regard profond et éternellement calme ? La même chose sûrement que le fondateur de leur monastère, un certain Wandrille, qui, il y a 1 300 ans, devait être un peu conseiller technique au cabinet du monarque de l'époque, le Franc Dagobert Ier, avant de tout quitter, ses fonctions de comte du palais et une brillante carrière, pour entrer dans les ordres.

Retrouvera-t-on parmi les conseillers d'aujourd'hui pareil élan ? Ce n'est pas tout à fait évident !

C'est sur le chemin de Tel Aviv à Jérusalem, au retour d'un entretien avec Ariel Sharon, successivement héros de la guerre de 1973 où il était parvenu à redresser et à inverser en faveur de Tsahal le cours de la guerre puis responsable indirect des massacres de Sabra et Chatila, que ces réflexions mélancoliques me traversaient l'esprit. La nuit était là, lorsque à vingt kilomètres de Jérusalem, la voiture qui nous reconduisait, Édouard Balladur, le diplomate israélien en charge de la visite et moi, s'immobilisa. La neige tombait depuis une heure déjà, épaisse et dense jusqu'à provoquer la paralysie de l'autoroute Tel Aviv-Jérusalem. Le chauffeur ne pouvait plus avancer. Notre immobilité devait durer huit heures, de dix-neuf heures à trois heures du matin. Immobilité totale, mais si figé que soit notre véhicule, ce n'était rien en comparaison d'Édouard Balladur qui, assis à côté de moi à l'arrière de la Mercedes, ne bougea pas d'un centimètre ni ne prononça plus de trois phrases pendant ces huit heures. Alors que je sortais de la voiture et y rentrais, poussé par l'impatience, la curiosité et une certaine incapacité à tenir en place, au bout de deux heures je m'entendis dire quelque chose comme : « Je comprends mal votre agitation ! » Deux heures plus tard, une simple question : « Comment expliquez-vous que rien ne soit fait pour débloquer la situation ? » Deux heures passant encore, je reçus un nouveau conseil : « Vous devriez cessez de vous agiter, de toute manière cela ne sert à rien. » Enfin, lorsque au bout de huit heures, nous pûmes reprendre notre marche, nous n'étions qu'à vingt minutes de Jérusalem, la conclusion du monologue vint : « Vous, je ne sais pas, mais moi, je mangerais bien un morceau de fromage. »

Plusieurs semaines après, demandant à Édouard Balladur comment il avait pu être si silencieux (après tout nous aurions pu parler de mille choses comme nous le faisions d'ordinaire), il me répondit assez justement que je ne lui avais pas paru ce jour-là en état de soutenir une quelconque conversation, étant à peu près hors de moi-même ! « Je me devais d'autant plus d'être calme qu'autour de moi on ne l'était pas. »

Lorsqu'on a pu éprouver, comme moi, son impatience, son désir d'aller vite, on mesure mieux sa manière de réagir devant les événements. *Nihil mirari*, ne jamais manifester son étonnement, me disait-on lorsque j'étais enfant. Mais à ce point-là !

★

Je ne saurais juger dans quelle mesure ces voyages m'ont servi et préparé aux fonctions qui allaient être les miennes, ils m'ont en tout cas permis de mieux connaître le futur Premier ministre. Je l'ai accompagné partout, et partout je l'ai vu « écouter », essayer d'apprendre, de comprendre ce qui était en jeu dans le pays que nous visitions. J'ai découvert un homme profondément différent de l'image que la presse de 1986 à 1988 avait voulu donner de lui. Je l'ai vu à Soweto changer le programme de sa journée pour rester plus longtemps avec une équipe de religieux occidentaux qui aidaient les plus démunis à se former aux métiers manuels de base pour avoir une chance de s'en sortir. Je l'ai vu ce jour-là promettre que l'aide nécessaire au doublement des bénéficiaires serait trouvée : pendant un mois, tous les chefs d'entreprise français qui l'approchaient (c'était peu de temps avant mars 1993 et ils étaient donc nombreux) ont dû mettre la main à la poche pour Soweto.

4

Pourquoi la politique?

Lorsque je rejoins le boulevard Saint-Germain à l'été 1988, la question, immanquablement, se pose à Édouard Balladur de savoir s'il doit continuer la politique. Il n'a pas fait une carrière linéaire comme tant d'autres : de l'ENA à un cabinet ministériel, du cabinet au Palais-Bourbon, puis un poste de ministre délégué ou de secrétaire d'État. Non, après avoir été au cabinet du Premier ministre Georges Pompidou un conseiller très écouté, notamment en mai 1968, il devient à l'Élysée Secrétaire général adjoint; puis, succédant à Michel Jobert entré au gouvernement, Secrétaire général de l'Élysée, fonction éminente et discrète qu'il occupera jusqu'à la disparition du président Pompidou. Pendant de longs mois, il doit faire face à une situation inédite en France, que les institutions de la Ve République rendent plus délicate encore : la maladie du Président. Personne ne sait ni ne devine le rôle qui est le sien alors : il n'en a jamais fait état. On peut imaginer les intrigues et les luttes d'influence à l'Élysée sous Georges Pompidou : de toute manière, ceux qui fréquentent les cercles du pouvoir savent qu'il n'y aura pas de second septennat. Au plus tard pour 1976, il faut donc être prêt : les factions s'organisent, les conseillers de l'ombre (qui, dès cette époque, s'exposant largement à la lumière) fourbissent leurs stratégies, les parlementaires supputent, la presse analyse et échafaude. Au milieu de tout cela, le Président se bat contre la maladie, et le Secrétaire général de l'Élysée doit faire face et veiller à tout afin que l'État fonctionne. Il parle peu de cette période dont il n'est pas seulement *le* témoin privilégié mais aussi un acteur essentiel.

Elle ne lui vaut certes pas que des amitiés : lui, le haut fonctionnaire, doit affronter, sans prendre de ménagements, la classe politique ; elle, subit de mauvaise grâce cette autorité qui s'appuie sur celle du Président. En 1974, Georges Pompidou disparu, après quelques semaines à rebondissements, un nouveau pouvoir est en place à l'Élysée comme à Matignon. A celui qui fut le plus proche collaborateur du dernier président, Valéry Giscard d'Estaing ne propose rien d'autre que le retour au Conseil d'État.

Édouard Balladur se retrouve donc au Conseil d'État, d'où il vient. Le premier dossier qu'il aura à traiter, au contentieux, sera le litige né de l'implantation d'une... porcherie.

Que peut-il penser, alors, de la classe politique ? A-t-il envie d'en faire partie ? Non. Il entend changer de vie, oublier, se mettre à l'épreuve autrement. Il quitte le Conseil et devient, pour douze années, chef d'entreprise. En France les allers et retours entre le service public et la sphère privée sont rares ; chacun dit les souhaiter parce qu'ils seraient un enrichissement pour l'un comme pour l'autre mais, en fait, personne n'en veut sérieusement. Pendant la campagne présidentielle de 1995, nous avons pu mesurer à nos dépens à quel point le fait d'avoir dirigé une entreprise pouvait se révéler un handicap médiatique face aux attaques et aux manipulations de tous ordres. Serait-il anormal que ceux qui parlent sans cesse de charges sociales, d'emploi ou de chômage aient eu, une fois dans leur vie, la responsabilité d'une embauche ou d'un licenciement ? On répondra que souvent les hommes politiques gèrent ou ont géré des collectivités publiques : ce n'est pas la même chose, toute dépense nouvelle trouvera son financement par l'impôt. Dans une entreprise, la logique est inversée. Cette expérience, Édouard Balladur l'a nourrie pendant douze années et c'est un peu le hasard qui, en 1988, après la première cohabitation, le mettra une nouvelle fois en demeure de décider de son propre avenir. Politique ou non. Au cours de cet été et de l'automne qui suit, il s'interroge devant moi, mais au fond il a déjà choisi. C'est la fierté qui le décide, le refus de se laisser pousser hors du jeu par autrui.

En France, il est extrêmement rare de voir un homme public renoncer, de lui-même, à la vie politique. Les exemples se comptent sur les doigts d'une main. Albin Chalandon décide en 1988, après avoir été garde des Sceaux, de prendre la direction d'une entreprise moyenne pour la redresser. Il y faut une énergie et un talent peu communs.

Le pari est tenu et l'entreprise revit. Mais au fond de lui-même, ne lui arrive-t-il pas de regretter son autre vie et le ministre qu'il fut ?

On imagine à tort que l'attrait du pouvoir tient aussi dans les signes extérieurs : moulures dorées des palais ministériels, avions hier du Glam, aujourd'hui du Gael, voitures à cocardes et gyrophares, etc. Chaque nouvelle équipe, depuis la « société décrispée » de 1974, affiche sa détermination d'en finir avec ces hochets. Pourtant l'attrait du pouvoir reste le même. A ne jamais s'expliquer sur ce qui la meut, la classe politique a pris le risque mortel d'être dépréciée dans son ensemble. Je ne pense réellement pas que les aspects matériels des fonctions officielles jouent un rôle aussi important que l'opinion veut le croire. Il faut aller chercher ailleurs, dans l'ordre du sentiment. Aujourd'hui, le mercredi est redevenu pour moi un jour ordinaire ; s'il se passe quelque chose à Sarajevo ou en Afrique, je m'y intéresse mais je ne me sens plus directement concerné. Hier, le fléchissement du franc contre le deutsche mark, en plein été, me ramenait brutalement de Bourville à Paris. Une prise d'otage, le jour de Noël, n'était pas un événement que je suivais, même avec passion, c'était un élément de *ma* vie à moi. La participation à l'exercice du pouvoir, même à la place discrète qui était la mienne, agit comme une drogue : elle dilate le champ de ce qui vous concerne et vous donne l'impression – l'illusion – d'exister davantage. Comme une drogue, le phénomène d'accoutumance se produit rapidement. Heureusement, les aléas de la vie politique offrent des cures de désintoxication brutales à ceux qui, un temps plus ou moins long, sont écartés du pouvoir ou expédiés au purgatoire (expression particulièrement étrange, pour peu qu'on replonge un jour dans le « paradis »).

En 1974, Édouard Balladur quittait la politique, pour toujours croyait-il. Quatorze années plus tard, il doit à nouveau faire face au même dilemme. Mais cette fois, il entend défendre l'action qui a été la sienne entre 1986 et 1988. On ne se souvient guère, aujourd'hui, des querelles du début des années 1980. L'enjeu n'était pas mince, le nouveau président socialiste voulait « changer la vie », et rompre avec la politique économique d'inspiration « capitaliste ». Après l'échec des deux premières années du septennat, les idées libérales, qui triomphaient en Grande-Bretagne et aux États-Unis, devinrent à la mode en France. Dans une certaine mesure, le fait que le ministre des Finances de 1986 à 1988 soit un chef d'entreprise, même si sa nomination avait obéi à d'autres motifs, est significatif.

Il n'entre pas dans mon propos de faire l'historique de la première cohabitation. Rappelons simplement que la croissance s'était affirmée, les déficits avaient été maîtrisés et l'emploi était reparti.

Ces résultats avaient été obtenus grâce à une politique d'inspiration libérale conduite, chacun en convenait, par Édouard Balladur. Les impôts avaient été abaissés, les entreprises publiques rendues au marché, l'économie libérée de quelques-unes des entraves qui freinaient son développement. Pourtant, malgré des résultats économiques incontestables, la campagne présidentielle ne permit pas à Jacques Chirac de l'emporter.

Il n'en fallait pas plus pour que, dès l'été 1988, des voix amies s'élèvent pour condamner une politique qui aurait été trop exclusivement économique et pas assez sociale, en clair, trop directement influencée par Édouard Balladur. On ne parlait pas encore de « pensée unique », mais le cœur y était !

On l'a compris, ces critiques venaient plutôt des rangs de la nouvelle opposition qui n'en finissait pas de se meurtrir elle-même d'avoir perdu l'élection présidentielle, du fait, pour l'essentiel, de ses propres divisions.

Des rangs socialistes, un autre type de critique allait poindre : les privatisations ne pouvaient pas s'être déroulées normalement. L'époque n'était pas encore aux affaires mais, d'une manière assez révélatrice, certains ne pouvaient simplement pas imaginer que des transactions d'environ cent milliards de francs aient pu se dérouler entre le secteur public et le secteur privé sans déviations graves.

C'est donc d'abord pour défendre sa politique et son action, caricaturées, qu'Édouard Balladur décide de rester en politique et de se battre.

Son raisonnement est simple et ne variera pas au cours des années : opposer l'économique au social n'a aucun sens. Dans un pays confronté à une concurrence internationale acharnée, vouloir privilégier le social, fût-ce au détriment de l'économie, conduit non pas à terme mais immédiatement à l'aggravation du chômage et donc de la situation des Français. Sept ans après, nous avons retrouvé ce débat ; il sera de toutes les campagnes électorales.

Dès 1988, il fallait défendre cette vision juste; les arguments ne manquaient pas, et d'abord celui-ci : le nombre des emplois créés augmentait rapidement au départ d'Édouard Balladur de la rue de Rivoli. L'histoire se répète parfois : arrivé à Matignon en 1993 avec un chômage qui progressait chaque mois de trente mille personnes, il en partira avec un rythme de deux cent mille chômeurs de moins dans l'année. Responsable de l'économie française à deux reprises, il aurait volontiers reçu en héritage la situation qu'il laissait! Chaque fois.

L'objet des colloques organisés par l'Association pour le libéralisme populaire, que nous avions fondée, était d'abord d'illustrer et de défendre cette politique. Cette volonté, mal comprise par certains, les a conduit à estimer que l'ancien ministre des Finances était moins expert en politique qu'en matière de stabilité monétaire. Charles Pasqua ira même jusqu'à parler d'« analphabétisme politique ». Le connaissant mieux par la suite et une véritable estime étant née entre eux, ce jugement sévère a sûrement été revu! La réalité, c'est qu'Édouard Balladur voulait expliquer, encore et toujours, ce qu'avait été sa politique, parce qu'il la croyait bonne, bonne aussi pour l'avenir. Il n'aime guère remâcher le passé.

Son ambition ne se bornait pas à une présentation rétrospective d'une période certes importante, mais révolue. Il voulait concrètement relancer le débat d'idées; en fait, il plaidait pour le retour de l'idéologie. Cela peut paraître étonnant de sa part, tant on l'a présenté comme un modèle d'équilibre, proche des idées du centre et recherchant l'accord ou le compromis. La réalité est assez différente.

Avant que le thème de la pensée unique ne devienne le poncif que l'on sait, il estimait que pour la clarté du jeu politique, pour la vigueur de la démocratie, il convenait d'appeler un chat un chat. Une politique économique fondée sur la baisse des prélèvements, les privatisations et les progrès du droit de la concurrence, ce n'était pas la même chose que le « ni-ni » – ni nationalisation, ni privatisation – la création ou l'alourdissement d'un impôt par an. Une politique de l'immigration restrictive qui donne au ministre de l'Intérieur les moyens qui lui sont nécessaires, n'est pas la même chose qu'un laxisme habillé des plumes du respect du droit d'asile. Une politique de gauche et une politique de droite, « normalement » ne doivent pas être les mêmes. Les choses se sont malheureusement compliquées, en particulier, avec les questions européennes. Les clivages entre les différentes conceptions traversent toutes les formations politiques. Encore sont-ils, si l'on veut bien y regarder de près, étrangement feutrés. Tous les partis représentés à l'Assemblée nationale sont « européens », sans d'ailleurs que l'on sache exactement, ou même vaguement, ce que cela signifie. La convergence (terme maastrichien s'il en est) entre les grandes formations françaises, ou plutôt leurs dirigeants, sur les objectifs à atteindre (fixés avec un luxe de détails hallucinant) pour satisfaire aux critères du Traité a donné naissance à la « pensée unique ». Il s'agit là naturellement d'un thème polémique mais qui vaut que l'on s'y arrête un instant.

La réalité, elle, par hypothèse, est unique, a très justement dit Pierre Méhaignerie. Un gouvernement arrivé au pouvoir à la suite d'élections générales ou du fait d'un remaniement, trouve une situation donnée. Les contraintes qui enserrent son action sont extrêmement nombreuses. Pourtant, beaucoup peuvent être desserrées, à condition qu'on en mesure les conséquences.

La contrainte internationale qui, en bon français, signifie la concurrence des autres, s'impose à nous presque complètement, sauf à isoler la France du reste du monde. Nous avons fait l'expérience de ce splendide isolement pendant quelques mois, au début des années 1980. L'implosion de tous les régimes de l'Est, fondés sur un développement à l'abri du monde extérieur, nous rappelle que cette voie-là n'existe tout simplement pas.

A l'intérieur de l'espace européen, nous n'avons plus aucune protection, il faut donc nous gérer « pas plus mal » que nos principaux partenaires. Cela signifie qu'en matière de déficits, de politique salariale, de politique monétaire, les marges de manœuvre sont limitées. Pour autant, les gouvernements ne peuvent-ils plus rien faire ? Je suis sûr du contraire. Si l'on valorise l'importance du lien entre le franc français et le mark allemand, gage que la France a renoncé à une certaine facilité, ceci ne signifie pas que nous devions nous aligner systématiquement sur la politique allemande. Notre intérêt peut être de convaincre nos partenaires de « faire des efforts » (par exemple baisser leurs taux d'intérêt, pour que nous puissions le faire sans risque).

Cette négociation-là est de la responsabilité des plus hautes autorités de l'État. Au président de la République, au Premier ministre, il revient d'expliquer la position de la France : ses obligations, ses difficultés, mais aussi ses atouts. L'alliance de la France a un prix, nous pouvons en jouer et récupérer ainsi une marge de liberté. Quelques semaines avant d'être Premier ministre, Édouard Balladur avait expliqué au Chancelier allemand comme au président de la Bundesbank que la France ne pourrait pas maintenir ses taux d'intérêt au niveau où ils se trouvaient (février-mars 1993). Dix-huit mois plus tard, ces taux avaient baissé de moitié avant que les incertitudes électorales ne les tendent à nouveau. La France est l'un des seuls pays du monde où la monnaie soit devenue un enjeu politique.

En somme, en souhaitant dès 1988 le retour d'une certaine compétition idéologique, c'est à une clarification, à une organisation du débat démocratique qu'appelait Édouard Balladur.

Les campagnes électorales sont depuis une quinzaine d'années abusivement centrées sur les questions économiques.

Le moins qu'on puisse dire est que les Français ne sont pas persuadés de l'efficacité de leurs gouvernants en la matière.

Depuis plusieurs années, l'inflation est parfaitement maîtrisée ; pourtant, régulièrement la presse publie des sondages surprenants. A la question « Pensez-vous que le gouvernement parviendra à lutter contre l'inflation ? », les deux tiers des sondés sont convaincus de l'impuissance du gouvernement à traiter un problème qui n'existe plus ! Ne parlons pas de ce qu'ils pensent de la capacité du pouvoir à vaincre le chômage ! L'incrédulité générale tient peut-être à l'unanimité de la classe politique : tout faire pour l'emploi ! Bien, mais quoi ? Ceci justifie le goût du débat contradictoire et la volonté qui était celle d'Édouard Balladur d'y contribuer.

Dès la fin de 1987, alors que l'ambiance générale était à la préparation de la campagne présidentielle de Jacques Chirac, le ministre des Finances, lui, se préoccupait de la réforme du système monétaire international.

Le krach boursier d'octobre 1987, les variations erratiques des taux de chômage, le désordre général sur les marchés l'avaient convaincu que l'un des maux dont souffrent les économies modernes était l'absence de toute règle, de tout contrôle sur les échanges monétaires. Reprenant une formule qui lui est familière, « la liberté, disait-il à l'occasion d'un sommet du G7, ne va pas sans un certain ordre ».

Ses homologues étrangers, eux-mêmes préoccupés par leurs élections et leur situation intérieure, laissèrent passer l'occasion, et la réforme que proposait Édouard Balladur ne fut pas mise en chantier. Il n'importe, deux ans après, le thème lui paraissait toujours d'actualité.

Il me pria de m'atteler à un rapport portant sur ce sujet. Je fus également invité à m'adjoindre les services d'une jeune femme, membre de la direction du Trésor Anne Le Lorier, ancienne de son cabinet aux Finances, et futur conseiller pour les affaires économiques et européennes à Matignon.

Dire qu'Anne est compétente sur ces sujets, est, pour tous ceux qui la connaissent ou ont eu l'occasion de travailler avec elle, une litote. La direction du Trésor compte dans ses rangs les plus brillants fonctionnaires du ministère des Finances ; elle s'attire, du fait de son rôle déterminant dans la conception de la politique économique, la jalousie de beaucoup. Elle est critiquée et régulièrement mise en cause dans le Landernau qui la caricature en cerbère, gardienne du Temple et de l'orthodoxie. Il est vrai que les fonctionnaires du Trésor n'ont pas leurs pareils pour convaincre leur ministre du jour de la justesse des choix qu'ils lui proposent. N'a-t-on pas vu Pierre Bérégovoy et tous les ministres des Finances qui lui ont succédé, reprendre à leur compte la politique du franc stable qu'avait établie entre 1986 et 1988 Édouard Balladur ? N'a-t-on pas vu Alain Madelin lui-même converti à la nécessité d'augmenter les impôts pour respecter les « critères de convergence » ?

Anne Le Lorier incarne à merveille cette direction puissante à laquelle elle appartient depuis sa sortie de l'ENA ; mais bien qu'elle lui consacre presque toute sa vie, elle est un modèle de disponibilité, de gentillesse et de dévouement.

Lorsqu'en 1989, Édouard Balladur nous demande de réfléchir à ce que peut être une nouvelle organisation monétaire internationale, Anne Le Lorier est en train, sous l'autorité de Jean-Claude Trichet, de jeter les bases de la BERD. Il ne s'agit pas d'un petit effort. Pourtant, ce samedi-là, elle se rend à l'invitation d'Édouard Balladur qui, autour d'une tasse de thé dans une très jolie porcelaine de Chine, nous livre sa commande. En s'adressant à Anne, il fait le meilleur choix que l'on puisse rêver. Je suis sûr qu'elle veille même en dormant sur la stabilité du franc qui s'échange à Hong Kong ou à Singapour. Elle connaît les mots, les phrases qu'il faut dire ou écrire, elle sait surtout ceux qu'il ne faut jamais prononcer quand on est ministre, Premier ministre où même Président.

Elle parle parfaitement la langue des « marchés », incompréhensible et codée pour le reste des mortels. Pendant deux ans à Matignon, je n'aurais pas imaginé faire une note au Premier ministre, écrire ou répondre à une question d'un journaliste sur un problème monétaire sans avoir l'imprimatur d'Anne.

Toujours est-il que, commandé, ce rapport sera écrit et qu'il donnera naissance à une nouvelle réflexion qu'Édouard Balladur confiera cette fois à Jean Guyot qui fut, il y a quarante ans, le collaborateur de Jacques Rueff et qui, aujourd'hui dans une banque d'affaires, mesure les ravages que font sur les économies les désordres monétaires.

Loin des préoccupations politiques de tous les jours, ces travaux un peu éthérés ont contribué à conforter, chez moi, le sentiment qu'Édouard Balladur n'était pas un homme politique tout à fait comme les autres.

Consacrer, dans l'opposition, ses efforts à proposer une réforme du système monétaire international n'est pas banal.

De la même manière, nous établissions chaque année une projection quadriennale d'abord, puis triennale de ce que devrait être l'évolution des dépenses publiques.

De retour au pouvoir en 1993, Édouard Balladur commandera immédiatement au ministre du Budget une loi quinquennale de réduction des déficits. L'opposition devrait permettre de se préparer ainsi à l'exercice du pouvoir et n'être pas seulement le moment privilégié de toutes les irresponsabilités.

C'était la conception qui prévalait boulevard Saint-Germain dans ces années 1988 à 1993. Quand je regarde autour de moi, j'aperçois peu, dans l'opposition d'aujourd'hui, de travaux de ce genre. La vie politique gagnerait à redevenir un lieu de confrontation des idées, pour n'être pas seulement perçue comme une lutte pour le pouvoir.

Pendant ces cinq années, à l'image d'un sportif, Édouard Balladur s'est préparé. Colloques, lectures, rencontres internationales, lui ont permis de prendre la mesure des difficultés qui l'attendraient, peut-être à Matignon et qui, déjà, le stimulaient.

5

Autour d'une table d'Yves Klein

Avec le recul, ces cinq années ont été, pour moi, des années heureuses. Les thèmes que nous défendions me paraissaient nouveaux et je découvrais la politique comme elle devrait être : un combat pour des idées. Ajouterais-je que, probablement du fait du hasard, l'emploi de notre temps était harmonieux : Édouard Balladur avait su se construire une activité politique dont il maîtrisait les échéances.

Il n'avait pas à gérer de parti et n'avait donc pas à veiller à la marche quotidienne du RPR; il n'était responsable d'aucune collectivité locale. En revanche, il accordait beaucoup d'importance au XVe arrondissement de Paris, sa circonscription, avec la collaboration attentive et quasi filiale de Philippe Goujon, son suppléant, maire adjoint de Paris, et de Georges Tron, son attaché parlementaire, qui deviendra le député-maire de Draveil dans l'Essonne.

Peu à peu, les thèmes dont nous débattions devenaient « à la mode »; un an après la publication du *Dictionnaire de la réforme*, celui de la réforme devint la référence obligée de la campagne législative.

Deux ans plus tard, on ne parlerait plus de réforme, mais de rupture...

Après les élections présidentielles de 1988, perdues par la coalition mal ficelée au second tour du RPR et de l'UDF, s'ouvrait une période de cinq ans qui se concluraient par des élections législatives.

L'objectif était de recréer les conditions d'une seconde cohabitation et qu'un membre de l'opposition retrouve Matignon en 1993.

Il y fallait plusieurs conditions. D'abord que le principe de la cohabitation ne soit pas rejeté : sur le plan des institutions, la première expérience, de 1986 à 1988, avait été un succès ; sur le plan politique, les choses étaient moins claires et ne seraient réellement tranchées que dans les dernières semaines précédant la future élection.

Il fallait ensuite que le rapport des forces politiques redonne l'avantage à la droite. Cinq ans à l'avance, en mai 1988, ce n'était pas évident.

Les premiers mois du gouvernement Rocard furent plutôt un succès, du point de vue de l'opinion publique. Il est vrai qu'il bénéficiait d'une situation économique restaurée, mais il avait su marquer les esprits avec l'embryon d'une solution au problème de la Nouvelle-Calédonie : là où Bernard Pons, ministre des DOM-TOM, avait connu de sombres et tragiques difficultés, Michel Rocard construisait une solution apparemment équilibrée, même s'il ne faisait, en vérité, que repousser les échéances. Dans le même temps, il appelait au référendum populaire, embarrassant, du coup, l'opposition.

Au fil des mois, sa popularité s'effrita, certes, mais l'alternance politique ne pouvait être encore considérée comme plausible. Avec le gouvernement d'Édith Cresson, les choses, en revanche, vont s'accélérer. Passé quelques semaines, la presse, l'opposition, et nombre de membres de la majorité et même du gouvernement tinrent sur elle des propos tels que les caricaturistes et autres « Guignols de l'Info » en firent leur souffre-douleur.

Je n'ai pas besoin de dire que ni le style de Mme Cresson, ni sa politique, ni les appréciations qu'elle pouvait porter sur tel ou tel peuple étranger, Grande-Bretagne ou Japon, n'étaient du goût d'Édouard Balladur. Pourtant, il a très rapidement désapprouvé l'acharnement personnel dont elle fut la victime. Le fond de son sentiment était qu' « on ne faisait pas cela à une femme ». Peut-être cette façon de voir les choses est-elle hors du temps, peut-être la galanterie n'a-t-elle rien à faire en politique, ni beaucoup plus dans notre société, mais je reste persuadé qu'Édith Cresson fut aussi maltraitée parce qu'elle était une femme.

Toujours est-il que son échec, patent et rapide, changeait la donne politique : d'hypothèse théorique, la deuxième cohabitation devenait inéluctable. Son successeur, Pierre Bérégovoy, usé d'avoir trop attendu sa nomination, ne parviendra pas à enrayer la défaite. L'a-t-il cru lui-même ? S'y est-il essayé ? Il n'en a pas entretenu longtemps l'impression, déjà miné par les difficultés personnelles qui allaient l'emporter.

Les derniers mois socialistes ont été réellement la chronique d'une défaite assurée.

Au sein de la future majorité, comme toujours – et c'est le jeu politique normal –, des stratégies complexes s'élaboraient, devant porter tel ou tel à Matignon. En 1986, les choses avaient été plus simples. Il y avait eu d'abord la question de la cohabitation : au RPR, Jacques Chirac avait dit oui, conseillé en particulier par Édouard Balladur. A l'UDF, Raymond Barre était hostile au principe même, tandis que Valéry Giscard d'Estaing n'était pas réellement en mesure, moins de cinq ans après sa défaite de 1981, de peser sur la décision de l'opposition de l'époque.

Sept ans plus tard, le postulat semble adopté par tout le monde ; en tout cas, il n'est plus rejeté par les mêmes. A « 7/7 », Raymond Barre se montre beaucoup plus ouvert que sept ans plus tôt. Valéry Giscard d'Estaing, qui croise souvent Michel Charasse dans l'avion qui les ramène d'Auvergne, compte des partisans à l'Élysée et, depuis longtemps déjà, son entourage cite l'exemple de Poincaré devenu président du Conseil après avoir été président de la République.

Au RPR, si l'on ne remet pas en cause le principe de la cohabitation, pour des raisons qui tiennent en partie au respect des institutions du général de Gaulle, Jacques Chirac a gardé un si cuisant souvenir de son second « passage » à Matignon qu'il a annoncé depuis longtemps qu'il n'avait aucune intention d'être une troisième fois Premier ministre.

Dans le livre d'entretiens qu'il publie en 1988, *Passions et longueur de temps*, Édouard Balladur raconte qu'en 1986, Jacques Chirac a, un moment, joué avec l'hypothèse qui consiste à laisser son ami Édouard Balladur, fraîchement élu député du XVe arrondissement de Paris, occuper pour deux ans Matignon. Alors, c'est évidemment impossible. Édouard Balladur est un inconnu pour la classe politique, il vient d'être élu et n'a jamais été ministre (toutes caractéristiques de Georges Pompidou lui-même, quand il entra à Matignon, mais l'époque n'est plus la même et la cohabitation exige un Premier ministre politiquement visible). Mais cette simple hypothèse en dit long sur les rapports qui se sont instaurés entre Jacques Chirac et Édouard Balladur. Le président fondateur du RPR pourrait penser à beaucoup de ses compagnons de route, à des gaullistes historiques ou chevronnés; c'est à l'ancien Secrétaire général de l'Élysée qu'il songe.

Comment puis-je parler de Jacques Chirac ? Je ne suis pas journaliste; il est désormais le président de la République; pourtant, dans l'histoire de ces dernières années, les rapports qu'Édouard Balladur et lui ont entretenus ont compté. Beaucoup les ont décrits, analysés. La presse s'est acharnée à décortiquer chaque sourire, chaque déjeuner.

Pour ma part, je suis évidemment suspect de partialité puisque c'est Édouard Balladur qui m'a présenté à Jacques Chirac. C'était un dimanche soir de 1989. Le maire de Paris avait souhaité tenir une réunion dans son bureau de l'Hôtel de Ville. Immense bureau tendu de tissu bleu et or, somptueux et trop grand, trop vaste, trop haut de plafond, sauf peut-être pour celui qui l'a habité dix-huit ans durant. A cette réunion, à laquelle Édouard Balladur m'avait demandé de l'accompagner, participaient autour du maire de Paris Maurice Ulrich et le directeur de la communication de l'Hôtel de Ville.

Nous étions un dimanche soir ordinaire, c'est-à-dire que les tenues des uns et des autres étaient tout à fait détendues. Pour Édouard Balladur, cela signifiait un pantalon de flanelle grise, une veste de tweed, une cravate de laine sur une chemise à petits carreaux et les fameuses chaussettes rouges. Chacun s'était installé autour d'une table d'Yves Klein, faite de verre transparent et d'une infinité de feuilles d'or, identique à celle qui se trouve dans le fumoir de Matignon.

Maurice Ulrich arrivant le dernier avait rapidement salué le maire de Paris, puis chacun des participants et, apercevant Édouard Balladur, il avait eu, je m'en souviens encore, une réaction fort curieuse : soudain gêné, il avait dit, comme pour s'excuser : « Pardon, je ne savais pas que vous étiez là, sinon j'aurais mis une cravate. » Le ton n'était pas ironique, c'était tout simplement factuel. Pourquoi l'ancien ministre d'État inspirait-il ce type de réaction ? C'est difficile à dire. Ce qui est sûr, c'est qu'il lui était parfaitement indifférent que tel ou tel soit vêtu de telle ou telle façon. C'est l'homme le plus libéral qui soit. Avec les autres.

Toujours est-il que, ce soir-là, j'avais fait la connaissance de Jacques Chirac. Ses rapports avec Édouard Balladur étaient très particuliers, d'abord fondés sur le téléphone : chaque matin vers huit heures, puis tout au long de la journée s'il se produisait un événement de poids, le maire de Paris appelait son ancien ministre d'État. Quelle position adopter sur le référendum calédonien ? Fallait-il ou ne fallait-il pas répondre à l'invitation de tel ou tel journaliste ? Etc. Pour avoir assisté à des dizaines et des dizaines de ces échanges, j'en garde le souvenir de conversations qui n'étaient pas empreintes de tristesse ! Plus tard, beaucoup plus tard, tout le monde a essayé de dépeindre cette réalité-là. Selon le « camp » auquel on appartenait, on parlait d'amitié profonde pour essayer de faire passer le thème de la trahison. D'autres, au contraire, auraient voulu faire croire que jamais leurs relations n'avaient été étroites.

Si l'amitié consiste à se retrouver le plus souvent possible pour autre chose que la vie professionnelle, pour le simple plaisir d'être ensemble, leur relation n'était pas de cet ordre-là. En cinq ans les dîners entre les Chirac et le couple Balladur ont été extrêmement rares. Ce qui les rapprochait, c'était, pour l'observateur que j'étais, le besoin, l'avidité même, qu'avait le maire de Paris de connaître l'avis de son ami Édouard sur à peu près tous les sujets de la vie politique nationale ou internationale – beaucoup moins en ce qui concernait Paris. Ce courant d'échanges était presque à sens unique : Édouard Balladur ne sollicitait jamais de conseil et il n'en recevait pas davantage. L'idée même d'un pacte, l'un allant à Matignon afin de préparer l'arrivée de l'autre à l'Élysée, abondamment exploitée après mars 1993, paraît totalement décalée : Jacques Chirac n'en a d'ailleurs jamais parlé lui-même. Son ambition naturelle était d'être de nouveau candidat à l'élection présidentielle, cela, chacun des deux le savait, il n'avait pas lieu d'y revenir, mais il n'était pas certain d'y parvenir et parlait à Édouard

Balladur de l'alternative que celui-ci constituerait. Édouard Balladur avait développé des idées pour le gouvernement de notre pays ; il les avait, le plus souvent, fait partager à Jacques Chirac. Pour sa part, le président du RPR devait sa position politique éminente au combat qu'il menait depuis trente ans, en Corrèze, à Paris, au RPR, contre tous ceux qui tentaient de lui barrer la route.

A un âge comparable, leurs parcours politiques différaient profondément. Pour le maire de Paris, Édouard Balladur n'était pas de la même espèce politique que lui et, en tout cas, ne lui paraissait pas compatible avec le suffrage universel ; jamais, pensait-il, cet homme dont il vantait et connaissait les qualités et la compétence ne pourrait être populaire. Il n'y avait donc lieu à aucun pacte : leur sphère d'activité ne pouvait être la même, ce qui autorisait le luxe de conseiller en 1992 au futur Premier ministre de ne pas redire qu'il ne souhaitait pas être candidat aux élections présidentielles. « On ne sait jamais », prophétisait Jacques Chirac. Certainement pour être aimable, mais pas seulement. Édouard Balladur, lui, ne caressait pas cette ambition mais il n'entendait pas non plus se lier et d'autant moins qu'on tenterait de faire pression sur lui.

De cette période de leurs relations, je garde le souvenir d'une complicité réelle mais sûrement pas aveugle, ni d'un côté ni de l'autre.

Dès l'automne 1988, Édouard Balladur estimait que la politique économique conduite de 1986 à 1988 n'était pas suffisamment défendue par l'ex-Premier ministre et cela suscitait clairement chez lui un certain agacement, une irritation même.

Jacques Chirac, pour sa part, ne manquait jamais une occasion de conseiller à son « ami » de parler moins, d'écrire moins, d'être moins présent. Tout se passait comme si l'un redoutait de voir apparaître un rival, tandis que l'autre n'avait nulle intention de l'être, sans accepter pour autant de se voir interdire de le devenir.

Il est vrai qu'en cinq ans d'opposition, de 1988 à 1993, Édouard Balladur est progressivement passé du statut d'ancien ministre des Finances à celui de futur quelque chose. En politique, vous comptez à l'aune exacte de l'avenir qu'on vous prête, et vos fonctions passées ont bien peu de poids. Valéry Giscard d'Estaing, pourtant ancien président de la République, s'est empressé de redevenir, à la première élection, simple conseiller général parce qu'un conseiller général, c'est souvent un futur député, qu'un député c'est quelquefois un futur ministre, etc.

Les premières années de cette période 1988-1993, Édouard Balladur les a vraiment vécues comme un ancien ministre des Finances. Chaque année, il prononçait à l'Assemblée nationale le discours sur le budget au nom du RPR, mettant en garde les gouvernements socialistes successifs contre le gaspillage des finances publiques dans une période où, pourtant, la croissance aurait dû permettre une remise en ordre générale.

L'époque était plus idéologique qu'elle ne l'est aujourd'hui et les socialistes s'employaient à défaire ce qui venait d'être fait. Les privatisations, pourtant menées à bien avec un professionnalisme et une rigueur exceptionnels, parce qu'elles représentaient l'un des aspects importants de la politique libérale, furent l'objet de multiples mises en cause. Commission d'enquête de l'Assemblée nationale, contrôle de la Cour des comptes, rien ne fut épargné. La vérité finit par se faire : les opérations de remise sur le marché de toutes ces entreprises étaient irréprochables. A écouter les discours de l'époque, et en particulier M. Emmanuelli qui cumulait, pour son malheur futur, ses fonctions de ministre et de trésorier de son parti, les socialistes ne parvenaient décidément pas à imaginer que cent milliards de francs aient pu ainsi passer du secteur privé vers l'État sans dérivations !

Quand il fut établi qu'il n'était pas possible, légalement, de remettre en cause les opérations de privatisation, ce fut l'affaire de la Société Générale. Avec acharnement, on voulait casser la politique précédente : on imagina alors qu'un raid « capitaliste », suscité et appuyé par le gouvernement, pourrait briser la résistance de l'une des plus grandes entreprises privatisées en la ramenant dans l'orbite du pouvoir ou de ceux qui en étaient proches. La tentative avorta.

Aujourd'hui, le débat entre la majorité et l'opposition n'a plus cette âpreté. Mais le tempérament français est ainsi fait que, j'imagine, nous y reviendrons. Nous préférons les joutes politiques, même violentes, à la fadeur d'un consensus mou.

Inlassablement, Édouard Balladur expliquait ce qui avait été, et ce qui pourrait redevenir sa politique économique. Rien ne l'agaçait plus que l'idée qui commençait à poindre, que Pierre Bérégovoy aurait continué sa politique de la première cohabitation. Par souci de marquer sa différence, autant que par esprit démocratique, il était favorable au retour du débat idéologique : venant de lui, cette position peut surprendre, mais il l'a maintes et maintes fois, y compris dans ses livres, expliquée. On peut rechercher l'accord, le consentement le plus général possible, tout en affirmant le noyau non négociable des idées que l'on défend.

Pendant toutes ces années, de 1988 à 1993, scandées de moments historiques comme l'effritement du bloc communiste, le thème hégélien de la fin de l'histoire fut à la fois simplifié et popularisé.

Dès le début des années 1990, j'ai publiquement entendu l'auteur *Des modes et des convictions* mettre en garde contre le retour du communisme à l'Est, au nom, précisément, de cette permanence des idéologies. Chaque nouvelle élection dans l'ancien bloc soviétique vient aujourd'hui lui donner raison.

Peu à peu, Édouard Balladur devenait ainsi l'un des principaux acteurs du débat politique dans notre pays. L'invasion du Koweït par l'Irak de Saddam Hussein allait lui donner une autre image aux yeux de la presse d'abord, de l'opinion publique ensuite.

Le choix de la position à adopter pour chacun des membres de l'opposition était délicat. La France, dirigée par François Mitterrand, allait participer à une opération de guerre menée contre un pays, ou plutôt un régime qui, pendant longtemps, avait eu en France non seulement des relations, mais des appuis.

Édouard Balladur était quant à lui parfaitement libre de ce côté-là et il lui semblait impossible que le RPR prît en pareille circonstance une position différente de celle de la France. C'est donc lui qui prononcera le discours à l'Assemblée nationale, discours au cours duquel il apportera le soutien du mouvement gaulliste au gouvernement. Dicté au magnétophone d'une traite, devant moi depuis sa maison de Deauville, ce discours marque l'irruption d'Édouard Balladur dans un domaine qui n'était pas particulièrement le sien. Comme Secrétaire général de l'Élysée, il eut, bien sûr, à connaître de la politique étrangère, et en particulier des rapports complexes que la France entretint au début des années 1970 avec les États-Unis ; comme ministre des Finances de Jacques Chirac entre 1986 et 1988, il fut pour la France l'acteur majeur de la diplomatie monétaire avec les Accords du Louvre et du Plaza.

Cette fois, il s'agit d'un conflit armé, le premier depuis les guerres coloniales, auquel la France va participer à grande échelle.

Avant que cette décision de soutien soit prise, l'unanimité ne règne pas au RPR. Ceci pour deux raisons. L'une, bien qu'on ne le dise pas clairement, tient à la réticence, compréhensible, à soutenir un gouvernement que l'on combat par ailleurs ; l'autre, à une certaine vision de ce que doit être la politique arabe de la France et à la place qu'y tenait l'Irak face à l'Iran des ayatollahs.

Pour la première fois, et ce ne sera pas la dernière, se dessine sans violence, sans agressivité et j'allais dire sans enjeu réel, un clivage entre les anciens et les modernes.

Moins de deux ans plus tard, la ratification du traité de Maastricht va poser, en revanche, de grandes difficultés aux héritiers du général de Gaulle.

Une fois encore, il s'agit de se prononcer pour ou contre un projet bâti par la France avec ses partenaires mais proposé au suffrage des Français par un gouvernement que l'on ambitionne de remplacer quelques mois plus tard, à la faveur des élections législatives de mars 1993.

Le choix du référendum s'explique : non seulement il s'agit d'un projet majeur pour l'avenir de l'Europe et de la France, mais il s'agit aussi d'un acte majeur du président de la République et du gouvernement. L'opposition est embarrassée.

Le RPR est, lui, plus qu'embarrassé, profondément divisé. L'UDF s'est construite sur l'idée européenne et n'éprouve, pour l'essentiel, pas les mêmes états d'âme.

Chez les gaullistes, l'affaire est délicate à plus d'un titre.

Il y a d'abord ceux qui sont convaincus que la poursuite de la construction européenne se fait au détriment de l'idée même de nation ; chaque progrès européen leur fait peur tant ils craignent pour le génie même de notre pays. Dans la lignée de Michel Debré, Charles Pasqua et Philippe Séguin, sont des partisans convaincus du NON.

Édouard Balladur pense, pour sa part, que le traité est mal rédigé, dangereux sur certains points, vétilleux sur d'autres et souvent obscur. Pourtant, il préconise le OUI, estimant que la France ne peut pas prendre la responsabilité d'interrompre le mouvement européen, alors que la fin de « l'ordre » né de la Seconde Guerre mondiale rend le monde plus incertain et dangereux que jamais.

Au surplus, il fait le pari de la victoire de l'opposition aux législatives qui suivront et déclare publiquement que le traité sera « ce que nous en ferons ». Il ne croit pas à son application tel quel.

Le débat est vif entre partisans du OUI et partisans du NON. Les clivages qui naissent à l'occasion de Maastricht seront durables, même si les frontières entre les deux camps seront sujettes à modifications. Beaucoup de ceux qui, chez les gaullistes, appellent à voter OUI se retrouveront au premier tour des élections de 1995 derrière Édouard Balladur. De nombreux adversaires du traité choisiront Jacques Chirac. Alain Juppé et Charles Pasqua échangeront leurs positions !

Le président du RPR, lui, ne fait connaître que tardivement son choix. Il résulte de très longues conversations avec les uns et les autres et, en particulier, Édouard Balladur qui fait valoir le danger de se couper des gouvernements européens, au risque de marginaliser la France.

La courte victoire du OUI laisse aux partisans du NON, en tout cas au sein du RPR, le sentiment d'une quasi-victoire. L'automne 1992 est une période curieuse : pour tenter de réconcilier les deux moitiés du mouvement, la direction du RPR favorise systématiquement les « anti ». Édouard Balladur traverse une période de quasi-disgrâce au sein de l'appareil. Il est vrai que sa prise de position a aidé au triomphe du OUI : la pente naturelle de l'opinion aurait plutôt été à une forme de repli sur soi.

Dès le lendemain du référendum, certains parmi ceux qui se sont prononcés pour le OUI, paraissent regretter de l'avoir fait.

Cette première fêlure, ce délicat parfum de discorde, le RPR ne l'oubliera pas. Édouard Balladur non plus.

6

Vers Matignon

Depuis longtemps déjà, Édouard Balladur conçoit sa participation à la vie politique comme membre du RPR, sans hésitation, mais comme membre indépendant.

Le 215 *bis*, boulevard Saint-Germain, au cours de ces cinq années, est devenu populaire, comme l'Association qu'il abrite.

La population que l'on y croise peut être divisée comme le César de Pagnol divisait le pastis en trois tiers. Il y a un gros tiers de technocrates, un petit tiers de société civile, un tiers de « politiques ». Et la presse qui, à elle seule, vaut bien un bon quatrième !

Les technocrates – on peut aussi les appeler fonctionnaires – savent comme tout le monde que l'alternance est pour bientôt ; ils savent aussi, génétiquement, que le passage dans un cabinet ministériel peut accélérer leur carrière. Alors ils passent, téléphonent et déjeunent : c'est un peu comme si l'administration quotidienne ne leur suffisait plus ; une autre aventure est là, toute proche, il ne faut pas rater le coche.

Quant à la société civile, c'est un nom générique donné à tous ceux qui n'appartiennent pas à la classe politique (en ce sens, le cardinal archevêque de Paris et le chef d'état-major des armées appartiennent, sans le savoir, à la société civile !).

Les rapports entre les hommes politiques et les « civils » sont complexes. Une longue fréquentation de la politique a fait de l'une des figures emblématiques de la société civile, médecin et spécialiste de l'aide humanitaire, un ministre puis un homme politique presque comme les autres.

Le « non politique » apporte, ou devrait apporter, une vision désintéressée des problèmes de notre pays ; contrairement au professionnel qui réagit selon son appartenance partisane, il est libre et indépendant. C'est du moins la théorie.

J'ai vécu de 1992 à 1995 à la fois le flux et le reflux des engagements et des fidélités ; nombre de mes illusions s'en sont allées.

Que dire de cet acteur célèbre qui, trois mois avant les élections présidentielles, vint dans mon bureau déposer à mes pieds son talent et sa notoriété pour qu'en dispose le candidat Édouard Balladur, et qui me fit savoir à un mois de l'élection que l'artiste devait, en toute circonstance, rester indépendant ?

Que penser de ce champion automobile, mondialement fêté pour ses victoires répétées d'année en année, qui changea d'engagement politique à quatre reprises en un an ? « Ami » de Jacques Chirac, il se sentit une âme balladurienne au printemps 1994, le mûrissement de l'été le rendit à son attachement chiraquien, qui vécut ce que vivent les roses. A Noël, les sondages étant unanimes, il avait enfin compris toutes les subtilités du balladurisme, enfin presque, puisqu'en mars il était, « comme il l'avait toujours été », sur la liste des soutiens à Jacques Chirac. Je ne lui en veux pas : d'abord, il a été un très grand champion sur tous les circuits du monde, ensuite ce qu'il voulait profondément, c'était soutenir le prochain président. Il y est parvenu.

Je n'ai, pour ma part, jamais cru indispensable de rechercher comme des pépites ces soutiens « médiatiques ». Ceux qui se livrent à ce genre de pêche aux noms courent le risque d'être déçus. Il n'est pas certain que le « transfert médiatique » opère réellement. Les électeurs sont tout à fait capables de faire le partage entre leurs admirations sportives, cinématographiques, ou leurs attachements culturels, et leur choix politique. Ce ne sont pas Jacques Anquetil ou Brigitte Bardot qui, malgré leur talent et leurs charmes, firent l'élection du général de Gaulle ou de Georges Pompidou. Ce ne sont ni Alain Delon ni Alain Prost qui allaient faire celle de Jacques Chirac.

Le plateau de l'émission « L'heure de vérité » qui a rythmé notre vie politique pendant des années, était, certaines semaines, si généreux en personnalités de tous horizons que la caméra ne jetait plus qu'un regard distrait sur l'invité du jour, tant il y avait à filmer dans le public.

Mais la société civile n'est pas seulement composée de stars du show business.

Les intellectuels apportent, et c'est normal, leur contribution au débat public. Ils n'ont pas les mêmes contraintes que ceux qui sont en charge des affaires ; ils portent un regard différent. Tout au long de la crise yougoslave, Bernard-Henri Lévy, Daniel Rondeau et d'autres ont fait résonner leurs vérités. C'est quelquefois gênant, désagréable même, mais certainement utile.

Dans ces années de préparation, de conquête du pouvoir, le boulevard Saint-Germain accueillait de nombreux chefs d'entreprise. Leur image dans l'opinion publique a profondément changé depuis quatorze ans. Lors de la première élection de François Mitterrand à la présidence de la République, le rôle économique du patronat était mis en cause et la « rupture avec le capitalisme » un objectif explicite.

La simple prise en compte des réalités par la gauche rendit vite le patronat presque populaire.

Les chefs d'entreprise sont devenus aujourd'hui un partenaire exigeant pour les gouvernements successifs ; ils ne s'engagent qu'avec d'infinies réticences.

Édouard Balladur connaît bien les patrons : il a été lui-même chef d'entreprise pendant douze ans. C'est d'ailleurs, on l'a dit, une spécificité remarquable. Parmi ses pairs, anciens Premiers ministres ou candidats à la présidence de la République, aucun n'a l'expérience de gestion d'une entité économique. Lorsque à longueur de journée, pendant la dernière campagne présidentielle, j'entendais parler de la nécessaire proximité du terrain, il m'arrivait d'imaginer tel ou tel dirigeant politique, professeur, fonctionnaire ou pur politicien, sous l'habit du chef d'entreprise.

En matière économique, les incantations ne suffisent à convaincre ni les clients, ni les salariés, ni les membres du conseil d'administration ! C'est là que le sens du concret peut le mieux s'affirmer. Rude école...

Sa connaissance de l'entreprise permettait au futur Premier ministre de parler avec une fermeté qui n'était pas toujours appréciée : la gauche avait donné de bien mauvaises habitudes à ceux qui, dix ans auparavant, étaient ses ennemis jurés : les patrons. Pour avoir eu presque peur en 1981, la classe patronale, douze ans plus tard, ne craignait plus grand-chose. Avec la foi des nouveaux convertis, beaucoup d'hommes de gauche avaient fait pour les chefs d'entreprise des gestes d'autant plus appréciés qu'ils émanaient de gens hier encore portés au marxisme ou à l'autogestion !

La fréquentation des chefs d'entreprise, boulevard Saint-Germain, permit à celui qui aurait bientôt la charge du gouvernement, de sentir à quel point la politique de stabilité monétaire, qu'il avait initiée entre 1986 et 1988, était mal vécue par les entreprises. La tentation de la facilité était toujours là et les explications rationnelles toujours insuffisantes.

Les patrons voulaient une dévaluation « compétitive » et un peu d'inflation. Face à cela, les arguments étaient toujours les mêmes : pour avoir chaque fois résisté à cette double tentation, l'Allemagne, notre principal partenaire mais aussi notre principal concurrent, jouissait d'une situation économique plus forte, mieux assise que la nôtre.

Outre que techniquement inutile, dévaluer c'était privilégier le court terme au détriment de l'avenir et de la réputation de notre pays. Ce débat, latent dans les derniers mois du gouvernement de Pierre Bérégovoy, nous allions le retrouver plus tard sur un plan plus politique.

Au 215 *bis*, la règle non écrite était que nous ne faisions pas de politique, ou alors comme Monsieur Jourdain.

Édouard Balladur, par tempérament, éloigné des manœuvres d'appareil, concentrait sa réflexion sur les sujets qui immanquablement devraient être traités par la future majorité.

C'est ainsi que des thèmes aussi divers que la baisse des impôts, la hausse du salaire direct, les problèmes posés par la construction européenne furent débattus dans les murs de notre Association.

La méthode consistait à associer des parlementaires issus de tous les rangs de l'opposition, c'est-à-dire du RPR et de l'UDF. Venant du RPR, il n'y avait naturellement aucune difficulté et des gens de « sensibilité » aussi différente que Jean-Louis Debré, chaudement recommandé par Bernard Pons ou Patrick Devedjian qui, parmi les premiers, s'était senti proche des idées défendues par Édouard Balladur, participaient à nos travaux.

Chez les députés et les sénateurs de l'UDF, beaucoup partageaient les options du futur Premier ministre. Naturellement, ce n'était pas du goût du président de l'UDF qui – était-ce prémonitoire ? – voyait d'un mauvais œil une fraction de ses troupes se tourner vers un autre. Au surplus, nous travaillions sous l'autorité d'Édouard Balladur à un effort permanent de dépassement des clivages qui séparent traditionnellement le RPR et l'UDF. Cette tentative, elle-même, paraissait inquiétante. Probablement à juste titre. Le RPR avait été créé en 1977 pour porter son président à l'Élysée. L'UDF, construite pour favoriser la réélection de Valéry Giscard d'Estaing en 1981, n'avait plus en 1993 d'autre ciment qu'une crainte instinctive, nourrie par l'expérience, du RPR.

Lorsque nous avions constitué le groupe de travail paritaire RPR-UDF sur l'avenir de la construction européenne, sujet brûlant s'il en est dans l'histoire des relations entre les deux formations, Édouard Balladur avait réuni autour de lui les parlementaires intéressés par le sujet.

La première séance devait nous apporter quelques surprises.

Un petit déjeuner avait été fixé de longue date, malgré la détestation qu'ils inspirent à Édouard Balladur, qui prend toujours le sien chez lui.

La veille, la moitié des parlementaires de l'UDF s'étaient décommandés sous des prétextes variables, mais sous une impulsion unique, celle de la présidence de l'UDF.

Comment ! Non seulement on essayait de réduire la fracture qui séparait la majorité, mais on le faisait sur un sujet considéré comme une chasse gardée de l'UDF : l'Europe !

Édouard Balladur ne se découragea pas, les travaux commencèrent avec ceux qui voulaient bien y participer, ceux qui avaient osé braver les interdits. Il y avait là, outre les membres du RPR, Bernard Bosson et Edmond Alphandéry. Nos conclusions tenaient compte des divergences de vues des uns et des autres, moins graves qu'on ne l'aurait craint (ou espéré ailleurs...). Elles furent communiquées à l'ensemble des formations de la majorité et abondamment commentées par la presse.

Ce fut pour moi la première illustration de la méthode Balladur : une volonté inébranlable de résoudre, dans le calme, les contradictions. Ce faisant, il heurtait des intérêts puissants. En attirant à lui, outre les RPR décidés à se rapprocher d'un des leurs, mais aussi le CDS et une partie de l'UDF, la démarche d'Édouard Balladur devenait suspecte à ceux qui avaient fait, depuis vingt ans, leur fonds de commerce des divisions de la majorité. Fonds de commerce riche de deux défaites présidentielles consécutives et deux échecs législatifs en 1981 et 1988...

Pour sa part, Édouard Balladur, qui n'avait pas pris part au petit jeu de « qui perd gagne » en 1981, ne se sentait pas obligé de participer à cette lutte permanente entre le mouvement gaulliste et la confédération créée par Valéry Giscard d'Estaing. Il avait, au contraire, dès 1988 souhaité que l'opposition s'organisât pour éviter la répétition des erreurs du passé. Ses efforts étaient observés au sein de l'UDF mais aussi du RPR avec une réticence inquiète. Il n'en avait cure.

Dès l'automne 1988, des « politiques », c'est-à-dire des parlementaires, venus du RPR d'abord, puis du RPR et de l'UDF, avaient appris le chemin du petit bureau austère qu'occupait l'ancien ministre d'État. Sans faire de politique à proprement parler, puisqu'on y débattait peu de l'organisation d'un futur bureau politique ou d'un hypothétique Conseil national, on apprenait à travailler ensemble.

L'un des premiers fut le jeune député-maire de Neuilly. Bizarrement, les gens qui portent le même prénom que moi m'inspirent depuis mon enfance une réticence instinctive. C'est comme s'ils me prenaient une part de moi-même.

Nicolas Sarkozy et moi n'avions guère de chose en commun : passionné par la politique dès le plus jeune âge, il était déjà presque un expert alors que j'étais un parfait néophyte. Nous n'avons pas les mêmes goûts : il aime la ville et moi la campagne, il connaît les scores de tous les matchs de football de coupe de France depuis qu'elle existe, alors que je sais à peine ce que sont les « onze mètres ». Pourtant, au fil des années, il est devenu pour moi un ami sincère et fidèle, et toujours son énergie, son courage, sa bonne humeur m'ont été précieux.

Très proche d'Édouard Balladur, Nicolas viendrait presque chaque jour à Matignon voir le Premier ministre, soit dans ses fonctions de ministre du Budget – « celui qui dit toujours non aux autres » –, soit comme porte-parole du gouvernement, soit, plus simplement, comme visiteur du soir. Il a pu se livrer ainsi à son sport favori, la dégustation de milliers de pistaches.

Notre proximité commune avec le Premier ministre nous a valu de 1993 à 1995 d'être souvent pris pour cibles par ceux qui entendaient servir les intérêts d'un autre maître. Nous le savions et n'en avions cure.

Mais il m'est arrivé plus curieux. A quelques mois de l'élection présidentielle, un ministre du gouvernement dont je n'étais pas particulièrement familier demanda à venir me voir à Matignon de toute urgence. C'était l'hiver et, comme d'habitude, un feu clair et joyeux brûlait dans ma cheminée, donnant un peu d'humanité, si je puis dire, aux conversations austères que je devais bien animer dans ces lieux. Après que l'un des maîtres d'hôtel de Matignon qui sont, sous l'autorité du jovial commandant Cabardos, l'efficacité et la discrétion mêmes, nous eut apporté les deux tasses de café usuelles, mon interlocuteur ministériel se cala dans son fauteuil, tourné vers le feu et me dit : « Il faut que je vous parle. – Je vous en prie », lui répondis-je bien innocemment, pour m'entendre répondre : « Je ne supporte plus Nicolas Bazire ! » Passé un léger blanc, je remerciai mon visiteur de sa franchise et lui demandai ce qui me valait cette difficulté avec lui, que je ne soupçonnais pas. C'est alors qu'il se rendit compte qu'en pensant Nicolas Sarkozy, il avait dit « Nicolas Bazire ».

Pendant plusieurs années, nous étions tous deux pour Édouard Balladur, « l'autre Nicolas » et d'une manière assez curieuse, lorsque nous étions ensemble dans le bureau du Premier ministre, nous savions toujours au son de sa voix auquel des deux il s'adressait.

Un jour, Édouard Balladur s'est amusé à dire à chacun de nous, à une heure d'intervalle :

« Tiens, je viens d'avoir l'autre ambitieux au téléphone. » Nous connaissions bien, tous deux l'humour du Premier ministre et nous avons aussi bien compris l'un que l'autre de qui il voulait parler !

7

Un soir à l'Élysée

Cinq années s'étaient écoulées depuis mon arrivée boulevard Saint-Germain, frais émoulu de la Cour des comptes. Les élections législatives de 1993 étaient proches. L'opposition savait qu'elle les gagnerait ; Pierre Bérégovoy, lui, sentait qu'elles seraient perdues pour la gauche, perdues pour lui.

Dans l'opposition, depuis plusieurs mois déjà, on débattait encore et encore de la future cohabitation. Y aller ou pas ? Au fond, tout le monde savait qu'elle était inévitable. Inévitable parce que François Mitterrand avait annoncé qu'il se maintiendrait, et qu'on savait depuis 1986 qu'il le ferait bel et bien. Inévitable aussi, parce qu'il était impossible de demander aux Français leurs suffrages sans gouverner aussitôt.

Édouard Balladur avait popularisé les deux thèmes essentiels de cette campagne : l'urgence et la réforme.

L'urgence, parce que, estimait-il, rarement la situation de notre pays avait été aussi sombre depuis 1945. L'économie reculait, cela nous ne faisions que le pressentir ; le chômage croissait à un rythme effrayant, les affaires avaient commencé à se développer, corrompant l'esprit public et sapant la confiance des Français dans leurs élites dirigeantes.

A l'extérieur, notre monnaie était attaquée, nos positions agricoles et commerciales menacées par des négociations du GATT mal engagées, et plusieurs de nos soldats tombaient pour rien dans l'ex-Yougoslavie.

Il y avait véritablement urgence à entreprendre une autre politique, le décalage dans le temps des élections présidentielles ne changeait rien à l'affaire.

L'autre thème, c'était bien sûr la réforme ; le futur Premier ministre lui avait consacré un *Dictionnaire*.

Des voix s'élevaient encore pour refuser la cohabitation, et tenter le coup de force constitutionnel. Une fois de plus, les positions des uns et des autres avaient varié. Raymond Barre, hostile au principe même en 1986, se voyait assez bien, en 1993, jouer lui-même le rôle-titre de « Cohabitation II ». Jacques Chirac mesurant, pour sa part, les risques qu'il y avait à accepter la fonction avait annoncé qu'on ne l'y reprendrait plus. Dans les dernières semaines de la campagne, le RPR avait considérablement durci le ton contre le président de la République, espérant peut-être, cette fois, le dissuader de tenter une nouvelle expérience.

Valéry Giscard d'Estaing avait, au sein même de l'Élysée, ses partisans.

Bien qu'Édouard Balladur fût depuis plusieurs mois le favori des Français selon les instituts de sondage, sa nomination était loin d'être certaine. Il y fallait trois conditions.

L'opposition devait l'emporter. Au sein de la coalition, le RPR devait être majoritaire en sièges.

Enfin, le président Mitterrand devait appeler Édouard Balladur.

Seul parmi tous ceux présentés comme ses rivaux, Édouard Balladur n'avait eu aucun contact avec François Mitterrand depuis le dernier Conseil des ministres de 1988. Ils ne s'étaient pas téléphoné, ne s'étaient ni rencontrés, ni même vus à l'occasion d'une quelconque occasion officielle, où Édouard Balladur n'avait aucune raison de se rendre, n'étant ni maire ni chef de parti.

Naturellement, les intermédiaires de tout poil fleurirent, assurant les uns et les autres qu'ils avaient l'oreille du Président ou de son plus proche conseiller.

Quinze jours avant le premier tour des législatives de 1993, Patrick Devedjian m'avait proposé de rencontrer le Secrétaire général de la Présidence de la République, Hubert Védrine, qu'il connaissait un peu. J'avais accepté.

Un petit déjeuner avait été organisé au domicile de la mère de Sophie Devedjian, épouse d'un chef d'état-major des armées. Notre conversation porta quasi exclusivement sur les Affaires étrangères et, en particulier, la Bosnie. J'avais surtout écouté Hubert Védrine que je connaissais un peu pour avoir suivi les conférences qu'il donnait à l'ENA. Je l'avais trouvé froid, légèrement distant, c'est-à-dire très bien. Les généalogies politiques nous rangeaient chacun dans un camp, mais nous n'étions pas destinés à être ennemis ; je crois que comme moi, il a dû le sentir. Cette première rencontre était naturellement clandestine et nous l'avions entourée du maximum de secret. Nous n'avons pas abordé la question du futur Premier ministre. L'un et l'autre aurions trouvé cela indécent. Notre rencontre signifiait en soi que l'hypothèse existait, mais qu'elle n'était qu'une hypothèse.

Si Édouard Balladur refusait de préparer des listes de ministrables, il ne pouvait ignorer celles que publiaient journaux et hebdomadaires. Elles nous valaient l'amitié indéfectible pour quarante-huit heures de ceux qui figuraient en belle position, les attentions inquiètes de ceux qui s'estimaient mal dotés et l'hostilité à peine voilée de ceux qui étaient oubliés. *Le Nouvel Observateur*, après quelques semaines de ce petit jeu, avait mis le comble au désordre en annonçant un remaniement ministériel de ce gouvernement qui n'existait pas encore. Tempête dans un verre d'eau virtuel !

Le premier tour des élections garantissant une victoire écrasante au second tour, rendait probable celle du RPR, sans pour autant ôter tout espoir à l'UDF et donc à son président. Mais les chiffres du deuxième round furent sans appel : la gauche était KO et le parti gaulliste gagnait nettement aux points sur son partenaire et allié.

Cette victoire, je l'ai apprise le dimanche soir au domicile parisien d'Édouard Balladur dont le salon avait été doté, pour l'occasion, d'une télévision.

Les premiers commentaires des journalistes, réunis sur les plateaux de télévision, furent évidemment centrés sur le choix du Premier ministre, chacun supputant les chances des uns et des autres.

Qui le Président appellerait-il ?

La veille, Jacques Chirac avait dit à Édouard Balladur sa certitude que le Président le consulterait d'abord. Au sein du mouvement gaulliste, beaucoup de proches de Jacques Chirac lui conseillaient d'accepter et de se retrouver, une troisième fois, à Matignon. Parmi eux, Charles Pasqua et Alain Juppé. Leur calcul pouvait paraître judicieux, il s'est révélé faux. Les dangers et les risques attachés à la fonction du Premier ministre devaient absolument être évités, dans la perspective d'une candidature du maire de Paris à l'Élysée.

Il est vain de se poser des questions de politique-fiction mais c'est tentant : quelle réponse Jacques Chirac aurait-il faite au Président s'il avait été consulté ? Qui, dans notre histoire contemporaine, a jamais refusé le poste de Premier ministre, surtout en période de cohabitation, c'est-à-dire avec un surcroît de pouvoir ? Quelle aurait été la physionomie d'un troisième séjour à Matignon du maire de Paris ? Nul ne le saura jamais.

Le lundi matin 29 mars, lendemain du second tour, fut presque un jour comme les autres, à ceci près qu'Édouard Balladur se déplaçait avec, à ses basques, un essaim de journalistes motocyclistes qui épiaient chacun de ses déplacements. La matinée se déroula sans événement majeur. Vers onze heures du matin, Hubert Védrine m'appela, cette fois officiellement, pour me dire que le choix du président de la République n'était pas encore arrêté, qu'il lui fallait encore réfléchir mais, que pour disposer de tous les éléments, François Mitterrand venait de le charger de rencontrer, en toute discrétion, Édouard Balladur.

La discrétion, qui s'imposait d'autant plus que la décision n'était pas prise, n'était pas facile à préserver pour un rendez-vous aussi soudain. Je demandai une demi-heure de réflexion. Tout entretien était impossible à l'Élysée, boulevard Saint-Germain, au domicile d'Édouard Balladur et, plus généralement, partout où l'on pourrait voir se succéder Édouard Balladur et Hubert Védrine. Je proposai donc à Édouard Balladur que le rendez-vous soit fixé à l'hôtel Plaza, ce qui permettrait de faire entrer l'homme du Président par le restaurant du Relais, où Édouard Balladur m'avait souvent invité à déjeuner. Le scénario, bien qu'un peu rocambolesque, fonctionna à merveille : à 11 h 45, Édouard Balladur gagnait une suite retenue au nom de sa secrétaire, Mme Le Bris ; à douze heures, Hubert Védrine se présentait au Relais Plaza et je le conduisis par le petit corridor qui permet aux clients de rejoindre l'hôtel par le restaurant du Relais. Les journalistes et photographes, qui accompagnaient toujours plus nombreux Édouard Balladur au fil des heures, furent bloqués au portillon de l'hôtel et ne surent jamais qui Édouard Balladur était venu rencontrer. Plus drôle encore, certains crurent reconnaître l'officier de sécurité de Valéry Giscard d'Estaing et en déduisirent, contre toute logique, qu'une négociation secrète devait avoir lieu entre l'ancien président et celui que tout le monde considérait comme le futur Premier ministre. Qu'auraient-ils eu, en effet, à se dire ?

Pendant que chacun s'interrogeait, Édouard Balladur, Hubert Védrine et moi étions réunis autour d'une table basse dans le salon de cette suite. Les questions posées par Hubert Védrine avaient un caractère à la fois formel et précis. Il commença la conversation en redisant, cette fois à Édouard Balladur, ce qu'il m'avait dit quelques minutes plus tôt, que la décision du Président n'était pas arrêtée. Cependant, aucun autre nom ne fut avancé. François Mitterrand voulait choisir vite mais se demandait quelle lecture Édouard Balladur ferait des institutions dans le cadre de cette deuxième cohabitation. Hubert Védrine, en quelques phrases soigneusement pesées, décrivit devant nous l'attitude que le Président souhaitait adopter : respecter le suffrage universel et donc choisir le Premier ministre au sein de la majorité qui venait de l'emporter et dans le parti ayant le plus de siège, mais aussi continuer pendant deux ans à exercer les attributions du Président sous la Ve République.

A cela, il n'y avait pas grand-chose à répondre. Édouard Balladur traça brièvement la conception politique qui était la sienne : respect des attributions, des fonctions et naturellement de la personne du Président, mais application sans concession des réformes qui lui tenaient à cœur et qu'il avait défendues dans son *Dictionnaire de la réforme*, comme lors de la campagne législative. L'entretien, calme et posé, dura quarante-cinq minutes au cours desquelles Hubert Védrine demanda à Édouard Balladur l'autorisation de prendre ses propos en note afin de les rapporter fidèlement au Président.

J'avais raccompagné le Secrétaire général de l'Élysée en le faisant, cette fois, passer par les cuisines ! Jacques Friedmann nous rejoignit pour le déjeuner et les journalistes qui attendaient toujours nous virent ressortir tous trois : ils avaient pour une fois perdu une bataille.

L'après-midi, Édouard Balladur, dont l'emploi du temps était ce jour-là très libre parce qu'il ne téléphonait à personne et ne voyait personne, décida de manière impromptue d'aller visiter l'exposition d'Aménophis III au Grand-Palais. La presse suivit, et les commentaires allèrent bon train : que veut-il dire ? Qui lui a conseillé cette démarche ? A quel symbole veut-il faire référence ? La réalité était plus simple : il avait envie de voir cette exposition, et quelque chose lui disait qu'il n'en aurait pas le loisir le lendemain.

Aux alentours de dix-neuf heures, Hubert Védrine me rappela et demanda cette fois à parler à Édouard Balladur pour lui annoncer la décision du Président. François Mitterrand avait décidé de le nommer Premier ministre et souhaitait le recevoir à 20 h 30 après avoir prononcé une courte déclaration.

Dans cette déclaration, François Mitterrand ne faisait référence à aucun autre leader politique et estimait qu'Édouard Balladur était le mieux à même de diriger le gouvernement par sa compétence et sa capacité à rassembler la majorité.

A partir de ce moment et pendant deux années, les événements se sont succédé à un rythme tel, que les mois ont paru des semaines et les heures des secondes. Non pas que la vie que l'on mène soit plus dure qu'une autre, au contraire. Mais la variété des sujets et des préoccupations est telle que le temps brûle.

Édouard Balladur avait souhaité que je l'accompagne à l'Élysée. Naturellement, je n'avais jamais mis les pieds au palais présidentiel et moins encore rencontré le président de la République.

Hubert Védrine accueillit le nouveau Premier ministre sur le perron de l'Élysée, c'était pour lui le premier geste officiel de la seconde cohabitation. Il conduisit Édouard Balladur au bureau du Président et m'offrit de passer dans son bureau à lui pour y attendre la fin de l'entretien. C'était une grande pièce tendue de vieux rose, ornée de meubles Louis XV, une pure merveille pour qui aime le feu de cheminée, les lustres à pampilles de cristal et la vue sur un parc entretenu à la perfection. Employer le mot de travail dans un endroit pareil est tout simplement une supercherie. J'ai eu, moi aussi, le privilège rare d'occuper à Matignon un bureau de ce genre. Chaque matin, le retrouver était une jouissance pure. Ni l'Élysée ni Matignon n'ont été dessinés pour nous, créatures technocratiques ou politiques ; le luxe et le raffinement qu'ils symbolisent sont d'une autre époque : ils sont aujourd'hui l'apanage de ceux qui exercent le pouvoir, et font oublier bien des difficultés de cette vie qu'à juste titre beaucoup envient.

Ce soir-là, l'Élysée n'était pas tout à fait ordinaire. Il y avait dans le bureau du Secrétaire général de l'Élysée Anne Lauvergeon, sa rivale et adjointe, Michel Charasse et Renaud Denoix de Saint-Marc, Secrétaire général du gouvernement, accompagné de ses fidèles parapheurs qu'il venait de soumettre au Président.

Le jour n'était pas banal : certes, François Mitterrand accueillait son septième Premier ministre, mais tout laissait à penser que ce serait le dernier. De plus, s'inaugurait la deuxième cohabitation. Tous ces gens se connaissaient pour jouer, à des titres divers, les premiers rôles dans cette pièce éternelle qu'est le gouvernement de notre pays. Pour eux, j'étais un inconnu, bien peu de chose sûrement. Ils furent cependant plein d'urbanité.

Deux années se sont écoulées durant lesquelles les rapports entre l'Élysée et Matignon ont été convenables malgré (ou à cause de) la cohabitation. Mais cela, nous l'ignorions et chacun de nous pouvait légitimement redouter qu'une nouvelle période de tension s'ouvrît, en tout point semblable à la première cohabitation.

Au bout de quelques minutes passées à suivre à la télévision les commentaires des journalistes sur ce qui se passait « en direct » à l'Élysée, nous pouvions être rassurés : nous vivions bien un événement puisqu'on en parlait à la télévision.

Le premier, Michel Charasse mesura la drôlerie de notre situation, remarquant avec à-propos qu'il n'était peut-être pas indispensable de concentrer notre attention sur les images de la façade et de la cour de l'Élysée, alors que nous nous trouvions à l'intérieur !

Bien lui en prit, la chaîne qu'il sélectionna diffusait un film où jouait la belle Béatrice Dalle. Loin de nos préoccupations du jour, l'intrigue faisait une large place aux ébats amoureux de l'héroïne. Soudain, Renaud Denoix de Saint-Marc s'exclame :

« Mais que fait cette personne dans le lit de ma grand-mère ? » découvrant en même temps que nous que ces scènes charmantes, qui ne déplaisaient à aucun des présents, se déroulaient, en effet, dans la chambre-même de son aïeule, son château ayant été prêté pour le tournage !

Imagine-t-on décalage plus complet : à quelques mètres de nous, le président de la République et le nouveau Premier ministre s'entretenaient de l'avenir de la France, et nous faisions des plaisanteries de collégiens difficilement racontables ici !

La cohabitation, deuxième manière, ne s'annonçait, somme toute, pas trop mal.

Contrairement à l'opinion de beaucoup de gens sérieux, je suis persuadé que la première impression est la bonne, en amitié, en amour et en politique ! L'impression de ce soir-là ne m'a pas beaucoup trompé : entre Hubert Védrine, Michel Charasse et moi, les choses se sont plutôt bien passées.

Après un peu plus d'une heure, le président de la République raccompagna le Premier ministre à la sortie de son bureau : je l'y attendais et je fus présenté à François Mitterrand qui me gratifia d'un solennel « Bonsoir, monsieur Bazire ». L'effet qu'il me fit ce soir-là restera gravé dans ma mémoire. Je ne saurais dire pourquoi. Était-ce la lumière un peu jaune de l'antichambre du bureau présidentiel, était-ce le fait de voir devant moi cet homme, symbole de ce que nous combattions depuis tant d'années mais néanmoins président de la République ? Je ne sais.

A quoi pensait-il, au lendemain de la défaite du parti qu'il avait créé vingt ans plus tôt ? Précis et un peu cérémonieux, il nous montrait ce soir-là l'un des multiples visages qu'il savait adopter : celui du chef de l'État, garant des institutions.

Au fil des mois, au gré des événements, il dévoila d'autres aspects de sa personnalité contradictoire. Il fut tour à tour chef de guerre en Conseil de défense, militant politique lorsqu'il refusa l'inscription à l'ordre du jour de l'Assemblée nationale de la réforme de la loi Falloux en session extraordinaire, analyste politique lorsqu'il commenterait la campagne présidentielle de 1995 pour le compte du Premier ministre dont il prédit longtemps le succès. Furieusement attaché à ses prérogatives, il souffrit probablement de la popularité d'Édouard Balladur qui devenait un peu trop, à son goût, un personnage central de la vie politique.

Homme de gauche, mais conscient de ce que, Président et successeur jaloux du général de Gaulle, on lui devait, il n'aimait pas que le brouhaha s'installe dans une réunion avant son arrivée : indisposé par les bruits qui venaient du salon où l'attendait le Conseil des ministres, il lui arriva un mercredi matin d'envoyer en éclaireur un huissier chargé d'un impératif : « Faites-les taire ! » Chaque geste prenait chez lui une signification particulière ; il le voulait ainsi et en jouait. Pendant deux ans, les rapports entre Édouard Balladur et lui furent empreints de la plus grande courtoisie mais aussi de beaucoup de prudence de part et d'autre.

A la tombée de la nuit, nous redescendîmes le grand escalier de l'Élysée, Édouard Balladur était alors vraiment Premier ministre. Après un peu plus d'une heure de pause, nous retrouvions les journalistes, leurs micros et leurs caméras. Édouard Balladur avait souhaité faire une courte déclaration sur le perron pour dire que le Président ayant choisi de le nommer Premier ministre, il avait, lui, décidé d'accepter. Il signifiait par là que la nouvelle cohabitation naissait de la rencontre de deux volontés.

A cette minute, j'étais heureux autant qu'on peut l'être, et pourtant, mon plaisir fut gâché : je ne savais pas au sens propre où me mettre. Deux ans plus tard, à la nomination d'Alain Juppé, les télévisions repasseraient ces images que je n'avais jamais vues. On y aperçoit, derrière Édouard Balladur, la mine gauche et empruntée de son futur directeur de cabinet.

8

Vingt-quatre heures, vingt-neuf ministres

La tâche du mardi 30 mars était à la fois claire et des plus difficiles : Édouard Balladur voulait, en une journée, constituer son gouvernement.

Cet homme, qui donne en toutes circonstances l'image d'une maîtrise parfaite de lui-même, est d'abord un homme pressé et qui déteste, au dernier degré, perdre son temps.

François Mitterrand avait suggéré que la future équipe ministérielle soit constituée avant la fin de la semaine. Je savais, moi, que le Premier ministre s'était fixé à lui-même un objectif plus ambitieux. Il voulait que l'affaire soit réglée dans les vingt-quatre heures. Comme dans les tragédies classiques, les trois règles de l'unité d'action, de lieu et de temps seraient respectées. Le nouveau gouvernement serait formé boulevard Saint-Germain et ce mardi. Il n'y aurait pas d'autres lieux de décision, et l'attente de ceux qui espéraient, et ils étaient fort nombreux, ne serait pas trop éprouvante.

La constitution d'un gouvernement est, c'est peu de le dire, un exercice périlleux. Cette fois, il était relativement simplifié parce que Édouard Balladur n'avait pas multiplié les promesses. Pour autant, il devait respecter certains équilibres.

Politiques d'abord. La majorité composée du RPR et de l'UDF était, est encore aujourd'hui puisqu'elle n'a pas changé, moins soudée qu'on pourrait le croire d'emblée.

Première fracture, la plus récente, il y avait les pro- et les anti-Maastricht. Cette distinction-là, le Premier ministre voulait l'ignorer : le traité ayant été ratifié par les Français, il devait être appliqué et tous les membres du futur gouvernement en accepter les conséquences.

Au sein de l'UDF, il fallait tenir compte des différentes familles : PR, CDS, Parti radical, adhérents directs, clubs Perspective et Réalités.

Pour être efficace, l'équipe devait être ramassée : c'était là un choix difficile puisque jamais une majorité dans l'histoire de la République n'avait été aussi nombreuse. Combien de parlementaires ont-ils cru ou espéré être nommés ministres ce jour-là ? Leur ambition à tous était légitime mais ne pouvait être satisfaite.

Plusieurs années auparavant, Édouard Balladur m'avait donné un conseil qui m'avait frappé : ne jamais hésiter, lorsque l'on est en position de constituer une équipe, à s'entourer des meilleurs ; craindre l'influence ou le pouvoir qu'ils pourraient détenir est le signe d'un manque de confiance en soi.

Le gouvernement d'Édouard Balladur a démontré qu'il s'appliquait à lui-même ce principe. Aux grands postes il nomma de grands ministres :

Simone Veil à la Protection sociale, Charles Pasqua à l'Intérieur, François Léotard à la Défense et Pierre Méhaignerie à la Justice.

Les quatre ministres d'État avaient tous connu, au moins une fois, le feu d'un gouvernement.

Tous quatre firent face à des situations difficiles : Charles Pasqua eut à gérer la sécurité de notre pays, il le fit dans les meilleures conditions possibles, tout en jetant les bases d'une politique ambitieuse d'aménagement du territoire.

François Léotard déploya l'armée française au Rwanda et en Bosnie et fit voter, pour cinq ans, une loi de programmation militaire. Il supervisa, avec le Premier ministre, le Livre blanc qui organiserait pour dix ans la défense de notre pays.

Simone Veil dut régler dans l'urgence le problème des retraites tout en amorçant avec succès la maîtrise des dépenses de santé en 1994.

Pierre Méhaignerie enfin, eut, comme garde des Sceaux, à diriger le ministère de la Justice dans des conditions d'une difficulté extrême : je veux parler des « affaires » et de la démission de trois membres du gouvernement, mis en examen.

Aussi différents qu'ils aient pu être, ces quatre ministres ont été, avec quelques autres, le fer de lance de l'équipe Balladur.

Simone Veil et Charles Pasqua ne pensaient sûrement pas, en ce printemps 1993, que leur cohabitation au sein du gouvernement se ferait sans heurts. Deux ans plus tard, avec François Léotard et Pierre Méhaignerie, ils se sont pourtant retrouvés aux côtés du Premier ministre dans la campagne présidentielle.

Le gouvernement devait être ramassé ; d'expérience, Édouard Balladur ne croit pas aux équipes pléthoriques.

Une fois les ministres d'État nommés, il fallait compléter une liste qui devait comporter moins de trente noms.

Le ministre du Budget devait, parce que la situation économique se révélait catastrophique, être à la fois proche du Premier ministre, prêt à affronter les exigences des ministres « dépensiers » et apte à encaisser les longues nuits de veille qui font le charme des débats budgétaires. Nicolas Sarkozy répondait exactement au portrait-robot, il avait en sus un sens inné des médias qui en faisait, tout naturellement, le porte-parole du gouvernement.

Les Affaires étrangères, poste envié en temps ordinaire, mais particulièrement délicat en période de cohabitation, devaient être confiées à un ministre ayant la confiance du Premier ministre et le *nihil obstat* du Président. Alain Juppé, qui avait été du temps de la première cohabitation ministre délégué auprès du ministre des Finances, assura Édouard Balladur que ses obligations de ministre l'emporteraient toujours sur sa charge de secrétaire général du RPR.

D'une manière générale, plusieurs chefs de parti figurèrent dans le gouvernement : Pierre Méhaignerie pour le CDS, François Léotard et Gérard Longuet pour le PR, André Rossinot pour le Parti radical. Ils apportaient avec eux leur autorité politique mais se plièrent sans exception à deux règles fixées par le Premier ministre : le travail gouvernemental devait passer avant tout autre responsabilité ; les affrontements partisans se taire jusqu'aux présidentielles.

Édouard Balladur déteste le désordre que créent ou que peuvent créer autour de lui les rivalités et les ambitions de tous ordres. Dans son gouvernement, comme au sein de son cabinet, il n'a jamais fait sienne la devise « Diviser pour régner ». Au contraire, il cherche inlassablement une harmonie qu'il sait pourtant n'être pas de ce monde ! Il avait prévenu : il ne tolérerait pas la zizanie.

J'ai pu observer, de loin, le fonctionnement de l'Élysée mitterrandien : il ne m'a pas semblé qu'il fût marqué par la même préoccupation. Je me suis souvent félicité, par-delà les divergences politiques, de servir plutôt à gauche qu'à droite ; de la Seine, bien entendu !

Hubert Védrine, Secrétaire général de l'Élysée, devait compter avec une série de cercles dont le Président était le centre. Même s'il entretenait avec Michel Charasse des relations plus que cordiales, il devait composer, deviner quelquefois, accepter des influences « variables ».

Nous eûmes souvent sur ce sujet des conversations qui me plongeaient dans la perplexité, mais en ressortait toujours le même constat : c'est en multipliant le nombre de ceux qui se disaient proches de lui, à un titre ou à un autre, que François Mitterrand se sentait vraiment indépendant. Et maître du jeu.

Ses médecins eux-mêmes, pas plus que ses archivistes, n'échappèrent à la règle commune. Ils furent consultés et utilisés d'une manière plus concurrente que complémentaire. Selon ses proches, les médicaments et prescriptions des uns s'ajoutaient dans la bouche présidentielle aux médicaments et pilules des autres. François Mitterrand, qui avait fondé sa carrière politique sur la lutte contre un certain libéralisme, estimait apparemment que seules la compétition et l'émulation du plus grand nombre autour de sa personne garantissaient sa liberté !

Édouard Balladur n'a jamais fait sien cet art de gouverner les hommes ; je savais que si je devais perdre sa confiance, il changerait de directeur de cabinet, mais qu'il n'« empilerait pas » un homme sur un autre.

De la même manière, il a constitué son gouvernement d'une manière claire et lisible : les fonctions ne se chevauchaient qu'exceptionnellement, limitant autant que faire se peut les occasions de conflit.

Tout, pourtant, ne fut pas aussi facile qu'il peut paraître rétrospectivement. Nous eûmes, chacun le sait aujourd'hui, du mal a pourvoir le ministère de l'Agriculture.

Le choix d'Édouard Balladur s'était d'abord porté sur une personnalité de l'UDF. Le poste était difficile, en pleines négociations du GATT, alors même que le préaccord de Blair House mobilisait contre lui la totalité des agriculteurs français. Il était d'autant plus exposé que le RPR avait fait de la défense de notre agriculture l'un des thèmes forts de la campagne législative. C'est pourtant après mûre réflexion qu'Édouard Balladur avait souhaité confier à Charles Millon ce département. Il accepta le matin puis refusa quelques heures plus tard, n'estimant pas que lui, UDF et non RPR, aurait le moyen de réussir personnellement dans ces fonctions. Cela mit le Premier ministre dans l'embarras, mais peut-on accepter pareille charge sans en avoir vraiment envie ?

Je n'ai pas eu à connaître d'autres exemples de cette nature. En 1986, Alain Lamassoure avait été conduit à refuser un portefeuille ministériel, fortement empêché par le président de sa formation ; en 1988, les circonstances ayant changé, Édouard Balladur lui fit une nouvelle proposition qu'il accepta, remplissant pendant deux ans avec talent le poste de ministre des Affaires européennes.

Conseillé par les dirigeants du PR, Édouard Balladur proposa donc à Jean Puech le redouté ministère de l'Agriculture. Ce fut, à l'expérience, une des très bonnes décisions de ce jour-là.

Dans l'après-midi, il apparut que le gouvernement serait constitué en fin de journée ; certaines personnalités n'avaient pu être consultées, d'autres furent, comme chaque fois, victimes de plaisanteries d'un mauvais goût parfait. La première scène de la pièce était pourtant écrite en temps et en heure.

Il ne restait plus qu'à fixer l'ordre protocolaire. Ce fut relativement aisé, le Premier ministre l'établissant lui-même avec une autorité, et, j'allais dire, une dextérité qui témoignaient que s'il n'avait été qu'une fois ministre, il avait participé à la naissance de plusieurs gouvernements.

Sur une feuille de brouillon surchargée et raturée, il attribua à chacun un numéro qui, pendant deux ans, servirait aux plans de table en tout genre, à commencer par celui du Conseil des ministres.

La passation de pouvoir à Matignon était fixée à dix-huit heures, rendez-vous étant pris à l'Élysée dans la foulée, pour que le Premier ministre puisse soumettre au président de la République son gouvernement.

Cette liste, c'est moi qui en avait la charge matérielle. Je me souviens encore de ma crainte lorsque, bousculé par le temps, je l'extirpai de l'imprimante ; le Premier ministre descendait déjà à pas pressés l'escalier du boulevard Saint-Germain. Il n'avait pas l'intention d'attendre, pas plus moi qu'un autre, et je redoutais comme la peste un oubli, une erreur d'orthographe, ou, pire, d'affectation. Fort heureusement, il n'en fut rien ou, en tout cas, pendant deux ans personne ne s'en est aperçu ! (Je plaisante et, naturellement, c'est de mauvais goût.)

A dix-huit heures, nous fûmes accueillis par Pierre Bérégovoy et son directeur de cabinet. Je n'avais jamais été à Matignon. Pendant sept cent soixante jours, je m'y suis rendu tous les matins. Puis-je cacher que c'était avec allégresse ?

Dans l'attitude de Pierre Bérégovoy, rien ne laissait présager sa fin tragique. Il fut républicain, courtois et parfaitement digne.

A l'issue de la passation de pouvoir, symétrique, je l'ai dit, de celle qui intervint deux ans plus tard, le Premier ministre et moi nous rendîmes une nouvelle fois à l'Élysée. Le Président entérina les choix d'Édouard Balladur, désormais à la tête de son équipe.

Le Premier ministre avait constitué son gouvernement seul. Pouvait-il faire autrement ? Il savait qu'il serait, lui seul, jugé par l'opinion sur ses décisions. Il devait les assumer, il y était résolu. Jacques Chirac fut surpris de n'avoir pas été associé à ces choix, mais moins, peut-être, que ne l'ont dit les commentateurs. L'histoire de ses relations avec Édouard Balladur, il la connaissait mieux que tous ceux qui, pendant deux ans, allaient en faire leurs choux gras. Jamais il n'avait joué le rôle de conseiller, il ne l'avait pas souhaité, Édouard Balladur ne le lui avait jamais demandé. Tout bougeait, mais, au fond, tout restait pareil.

Le Premier ministre ayant bâti son gouvernement en vingt-quatre heures, je ne pouvais guère lambiner dans la constitution du cabinet. Deux ans plus tard, la campagne présidentielle a fait, l'espace de quelques semaines, renaître le débat sur l'utilité des cabinets ministériels. Il n'entre pas dans mon propos de me livrer à un vibrant éloge de l'institution, je n'en ai ni le goût ni le talent, et, au surplus, les plaidoyers *pro domo* sont peu convaincants.

Que l'on me permette quelques remarques de bons sens. La première m'est destinée : je n'ai pas vécu longtemps la vie de cabinet : je n'ai participé qu'à un seul et pour une durée de deux ans ; au surplus, tout indique que cette expérience sera unique. A titre personnel, j'en ai donc usé plutôt modérément. Je reste cependant persuadé que les cabinets ministériels existeront encore longtemps dans notre pays.

Ni notre constitution, ni notre vie politique, ni notre vie administrative ne prévoient de système des dépouilles à l'américaine. Un changement de gouvernement, un renversement de majorité ne se traduisent pas, en France, par le licenciement de tous les hauts responsables de l'Administration qui, par tradition, ne sont pas nécessairement « politisés ». Les ministres, et le premier d'entre eux, doivent impérativement disposer auprès d'eux de conseillers qui, le plus souvent issus de la fonction publique, leur permettront de mettre en œuvre la politique qu'ils ont décidé d'appliquer. Il s'agit là de pur bon sens.

Les cabinets ne sont pas, ou ne devraient jamais être l'émanation de l'Administration, ils sont au service du ministre qu'ils assistent.

J'ai vu pendant vingt-six mois fonctionner trente cabinets de ministre. Ils ne m'ont pas paru faire obstacle à la volonté politique, partout où elle existait. Imagine-t-on Charles Pasqua ou Simone Veil se laisser embrigader par leur cabinet ?

Les choses sont d'autant plus simples que les postes de conseiller technique ou de chargé de mission (distinction subtile, mais qui ne recouvre pas grand-chose dans la réalité) sont des plus précaires. Une simple décision ministérielle met fin dans la journée à leurs fonctions : imagine-t-on système plus souple et plus libéral ?

Les candidats ne manquèrent pas. Depuis quelques semaines déjà, je m'étais préparé à cette éventualité et j'avais, avec Patrick Suet et Anne Le Lorier, réfléchi à un certain nombre de têtes. Le nouveau Premier ministre voulait un cabinet restreint : vingt à vingt-cinq membres. Il s'est mal résigné à ce qu'ils soient un peu plus, feignant de croire que nous faisions beaucoup d'embarras pour pas grand-chose.

Naturellement, la compétence de chacun est essentielle, mais la vie de cabinet impose d'autres exigences. Certains conseillers n'ont jamais quitté Matignon avant vingt-deux ou vingt-trois heures. Patrick Suet accueillait dans son bureau tous ceux qui souhaitaient dîner avec lui. Il a ainsi contribué à créer, chaque soir, une convivialité qui était un contrepoids indispensable aux tensions de la journée. Chacun avait là le loisir non seulement de faire avancer telle ou telle affaire, mais également de s'épancher si le besoin s'en faisait sentir.

En constituant cette équipe, je me suis efforcé, dans le choix des personnes comme de leurs fonctions, de minimiser les possibilités de conflits.

En deux ans, ceux-ci ont été, sinon nuls, du moins exceptionnels : j'ai dû une fois partager plus clairement les responsabilités en matière d'environnement et veiller, de temps à autre, à ce que les affaires européennes soient traitées conjointement par la cellule Europe, la cellule économique et la cellule Affaires étrangères.

L'univers de Matignon est difficile à décrire : à vrai dire, il est complètement anormal.

Peut-on imaginer une entreprise de plus de trente individus où tous ceux qui ne sont pas énarques sont polytechniciens, normaliens ou agrégés de l'Université ? Normalement, un tel ensemble ne peut fonctionner : en physique nucléaire, on dirait que les interactions répulsives entre les particules sont trop fortes. Et pourtant, cela marche !

Après quelques heures passées au téléphone, le cabinet prenait forme : il y avait tout ce qu'il fallait. Les principales fonctions étaient remplies : cellule économique dirigée par Anne Le Lorier, celle de l'intérieur par Philippe Marland, jeune préfet chargé de la sécurité à la préfecture du Rhône, cellule sociale animée par Hugues Hourdin, juriste et ancien directeur des études du RPR, aujourd'hui encore auprès d'Édouard Balladur, cellule diplomatique placée sous la férule de Bernard de Montferrand, ambassadeur à Singapour, et qui, prévenu le mardi matin dans son ambassade asiatique, avait pris ses fonctions rue de Varenne moins de quarante-huit heures plus tard, abandonnant momentanément femme et enfants aux antipodes.

Francis Lamy, maître des requêtes au Conseil d'État, régnait sur la culture mais nous apportait également ses lumières dès que se posait un problème juridique. Il le faisait en liaison étroite avec Renaud Denoix de Saint-Marc, secrétaire général du gouvernement depuis 1987, dont l'une des fonctions est justement d'assister le Premier ministre dans les méandres du droit public.

Patrick Ouart, fin magistrat détaché de la préfecture de police de Paris et homme d'une grande rigueur, occupa pendant ces deux années un poste difficile. Il fut rapidement un conseiller très écouté du Premier ministre, et ce d'autant que le gouvernement perdit trois des siens, mis en examen.

Il y avait ensuite une cellule communication, dirigée par Valérie Bernis, « ancienne » de « Rivoli » comme Victoire de La Genière, son ombre, qui l'assistait. Elle travaillait avec Édouard Balladur depuis 1986. Il lui appartiendrait de répondre aux questions incessantes des journalistes sur tous les sujets, au risque permanent de se voir à son tour interrogée par le Premier ministre sur un article commençant par « A Matignon, on estime que... ».

Vingt fois, Édouard Balladur, qui se voulait le seul interprète de sa pensée et de ses actes, m'a demandé, un peu agacé, qui était « Matignon ». Eh bien, Matignon, c'était souvent Valérie.

Enfin, pour que le cabinet puisse fonctionner, pour que l'hôtel Matignon s'anime, il me fallait trouver un chef de cabinet. Son rôle est d'une difficulté toute particulière. Il lui revient d'être le chef d'orchestre de l'ensemble des activités du Premier ministre. Moins qu'un autre, il a le droit à l'erreur. L'emploi du temps est son domaine réservé, il en est, après le Premier ministre lui-même, le maître absolu. Il organise les voyages à l'étranger comme les déplacements dans les départements, est le correspondant naturel des préfets territoriaux. Il a l'œil à tout et doit être sans cesse sur la brèche. Ce poste revient naturellement à un membre du corps préfectoral. Pierre Mongin, qui avait été directeur de cabinet de plusieurs ministres entre 1986 et 1988, s'est acquitté de sa tâche avec un dévouement, une passion et une foi inégalables. Harassé de travail, croulant sous les parapheurs, il a été pour moi, pendant ces deux années, mieux qu'un collaborateur, un ami très présent.

9

Le Cabinet

Nous étions donc à Matignon. Ce n'était pas une surprise à proprement parler, mais à tout le moins pour moi une nouveauté !

Passer en quelques heures de l'austérité du boulevard Saint-Germain aux dorures de cet hôtel si « particulier » n'allait pas immédiatement de soi. Pour Édouard Balladur, c'était plus simple : il avait bien connu la maison. De 1964 à juin 1968, il avait occupé les fonctions délicates de conseiller social, comme chargé de mission d'abord. Très vite, les appréciations élogieuses que portait sur ses notes le Premier ministre Georges Pompidou – « Je suis comme toujours, de votre avis » – lui avaient valu d'être promu conseiller technique. Vingt-cinq ans plus tard, l'un de ses collègues de l'époque se souvenait avec envie de cette promotion qu'il avait dû attendre, lui, un peu plus longtemps ; le temps n'efface pas tout, même si l'on a gravi les barreaux de l'échelle républicaine jusqu'au dernier !

Les lieux eux-mêmes m'étaient inconnus. Quelques jours avant le second tour, Michel Roussin, qui n'était pas encore ministre de la Coopération mais qui se souvenait d'avoir été chef de cabinet du Premier ministre Jacques Chirac, m'avait dressé, de mémoire, un plan de la maison.

Inutile de dire que, quel que soit son talent, je ne reconnaissais rien !

Le déménagement de l'équipe de Pierre Bérégovoy, opéré, comme toujours, dans la hâte, laissait ces pièces magnifiques inanimées, sans papiers, sans dossiers. Les téléphones restaient quelques courtes heures à peu près muets. Bref, il nous revenait de ramener à la vie cette maison qui, en temps ordinaire, ignore le repos.

J'ai dit qu'Édouard Balladur avait choisi de réoccuper la pièce qu'avait jadis occupée Georges Pompidou. En quelques jours, il avait retrouvé le bureau XVIIIe qui était à Matignon celui de l'ancien Président et fait sortir tableaux et objets d'art qui, sans cela, auraient continué de vieillir sans se bonifier dans les caves du Mobilier national. Deux ans plus tard, à quelques jours de notre départ de Matignon, un jeune conservateur se présenterait inopinément dans mon bureau pour décrocher les tableaux d'Hubert Robert qui s'y trouvaient depuis mon arrivée. La démarche manquait d'autant plus d'élégance vis-à-vis de mon successeur qu'il connaissait bien l'état des lieux, pour être souvent venu me voir à Matignon.

J'ai vigoureusement protesté contre cet « enlèvement », suggérant que l'affaire soit traitée avec la nouvelle équipe. Elle l'a été. Les tableaux sont toujours là, ainsi que ce bronze de Rodin qui hante ma mémoire pourtant infidèle. *Fugit amor* a été mon compagnon de ces jours heureux : deux amants enlacés dos à dos. « Mais sûrement pas pour longtemps », me dit une fois Édouard Balladur !

J'ai fait mon métier avec le maximum de sérieux et d'attention mais, pourquoi ne pas le dire, il m'est arrivé, certains jours, de rêver à ces amants-là alors que je recevais l'un ou l'autre de mes visiteurs. Ils n'en ont évidemment rien su.

Ce n'est qu'à la dernière heure que j'ai demandé à l'un des reporters qui nous avait suivis durant toute la campagne de photographier cette étreinte impossible. Je n'ai guère un tempérament artiste ni porté à la rêverie, mais, pour une raison que j'ignore, c'est cette image-là et pas une autre que je garde de Matignon : je ne pouvais pas tout emporter en rêve, alors j'ai choisi *Fugit amor*.

Je ne me suis jamais senti ni, je crois, aucun de ceux qui travaillaient avec moi, propriétaire des lieux que nous occupions pour quelques mois. Leur splendeur est telle qu'elle est presque écrasante. Pourtant, pas un jour ne s'est écoulé sans que le sentiment de leur équilibre, de leur beauté, si français, ne m'ait frappé.

Il est de bon ton de critiquer les ors de la République, ils sont, en France, l'héritage d'un autre âge. Bien sûr, ni l'Élysée, ni Matignon, ni le Quai d'Orsay, ni les autres hôtels particuliers qui abritent les ministères, ne sont dotés des derniers équipements informatiques. Il serait plus commode de travailler ailleurs. Mais chaque pièce, chaque meuble a son histoire.

Pendant deux années, c'est sur le bureau de Léon Blum que j'ai signé mon courrier et lu les notes destinées au Premier ministre ; c'est dans la salle dite du Conseil parce qu'elle abritait sous la IVe République les conseils de cabinet, que j'ai tenu les réunions hebdomadaires de l'ensemble du cabinet du Premier ministre. Nous éprouvions physiquement la sensation d'être un moment, après tant d'autres, de l'histoire politique de notre pays.

Matignon devait, avec nous, continuer à jouer son rôle.

Il revient au Premier ministre, selon la Constitution, de conduire la politique de la France. A son cabinet, il appartient de mettre en musique les décisions qu'il prend.

Inlassablement, il faut rechercher l'harmonie, l'accord entre des positions entre ministères par définition opposées. La fonction principale consiste à abriter sans dénaturer.

Toute réforme, toute mesure nouvelle, aussi simple soit-elle, requiert l'accord de plusieurs ministres et la collaboration de plusieurs administrations. Le Budget veille à l'exécution stricte des lois de finances et a donc pour vocation de s'opposer autant que possible à toute dépense nouvelle. En deux ans, plusieurs milliers de réunions se sont tenues sur les sujets les plus divers, les plus importantes présidées par le Premier ministre. Chacune fait l'objet d'un compte rendu, et, lorsqu'une position définitive est enfin arrêtée, elle est « bleuie », c'est-à-dire que les décisions prises sont transmises aux différents ministères sur papier bleu. Cela représente parfois plusieurs mois d'efforts.

Chaque semaine, soit cinquante fois dans l'année, je tenais deux réunions formelles.

Le lundi matin, les directeurs de cabinet des vingt-neuf ministres du gouvernement Balladur se rassemblaient pour que nous jetions un bref regard sur l'actualité de la semaine. Il y avait là un échantillon d'une diversité que ne soupçonnent sûrement pas ceux qui parlent des « technocrates » en général. Professeurs d'université, diplomates, administrateurs civils et préfets, maîtres des requêtes, conseillers référendaires ou inspecteurs des finances, ils avaient tous une expérience singulière, mais une volonté commune les animait : contribuer à l'effort de redressement engagé. Chacun présentait à son tour les activités de son ministre. Il était convenu, dès l'origine, que la politique n'aurait que peu de place dans cet exercice ; en revanche, les développements des crises internationales, en Bosnie ou au Rwanda, les progrès de nos négociations dans l'affaire du GATT, donnaient lieu, presque chaque semaine, à une présentation du représentant du ministre des Affaires étrangères.

Le travail parlementaire était encore rythmé par ces saisons un peu particulières qui avaient pour nom session d'automne ou session de printemps. Le représentant du ministre de l'Action humanitaire nous parlait plus souvent de la Guadeloupe que du tiers monde et me donnait semaine après semaine l'occasion de rappeler que le Conseil des ministres était une obligation hebdomadaire non négociable : nous avions « droit » à deux absents au maximum. Les textes à défendre au Parlement, les réunions à Bruxelles, les déplacements à l'étranger et... la Guadeloupe rendirent l'exercice délicat. Le président de la République, qui ne les avait pourtant pas choisis, tenait à la présence de « ses » ministres !

Les activités des uns et des autres, égrenées au fil des exposés de chacun des directeurs dans un ordre qui ne devait rien à l'ordre hiérarchique des ministres dans le gouvernement, prenaient souvent l'allure d'un inventaire à la Prévert. On apprenait ainsi, successivement, que le problème de la banane occuperait plusieurs ministres à l'heure où Jacques Toubon visiterait le chantier de la Très Grande Bibliothèque le lendemain de la réunion de tous les préfets chez Charles Pasqua. Il m'arrive encore, le lundi vers 9 h 30, de passer devant Matignon et de voir plusieurs dizaines de voitures garées sur les étroits trottoirs de la rue de Varenne ; je sais que mes anciens collègues, ou leurs successeurs, continuent à faire tourner la machine. Peut-être mon propre successeur est-il en train, comme je le faisais, de compter, non pas les moutons au plafond, mais les rosettes et rubans qui ornent les revers préfectoraux ou diplomatiques ? A y réfléchir, il me paraît trop sérieux pour cela !

Très vite, la diversité et la variété des sujets que nous abordions nous devenaient naturelles, elles étaient le reflet des activités de Matignon, qui faisaient, elles, l'objet de la réunion du mercredi.

Tous les cabinets, et donc également celui du Premier ministre, se réunissent le mercredi à l'heure du Conseil des ministres, c'est à peu près le seul moment où l'on est sûr de pouvoir disposer d'une heure pleine, les ministres étant eux-mêmes retenus à l'Élysée et... privés de téléphone. Du moins était-ce avant l'ère des portables !

Ces réunions ont plusieurs objets. Elles permettent d'informer l'ensemble du cabinet de la marche générale des affaires. Même dans un univers aussi restreint, les informations passent mal. Cette heure du mercredi est la seule où cabinet civil et cabinet militaire se rencontrent. La tradition veut que le cabinet militaire perdure à chaque changement de Premier ministre, pour marquer le caractère apolitique des officiers qui y servent et des questions militaires qu'ils traitent.

J'ai eu la chance de travailler avec le vice-amiral Patrick Lecointre, qui s'acquittait de sa tâche avec un goût et une efficacité maxima. Était-ce parce que nous avions des souvenirs maritimes en commun? Pas seulement; comme beaucoup d'officiers que j'avais connus à l'École navale, comme son successeur le général Alain Courthieu, il avait une méfiance instinctive envers la vie politique; il n'en avait pas moins, du temps déjà de Pierre Bérégovoy, pris goût à la vie de cabinet, bien différente de celle d'un officier général dans une affectation ordinaire.

J'avais choisi, dès le départ, de ne pas donner à ces réunions un caractère politique, et ce pour plusieurs raisons. Matignon a évidemment une fonction « politique », symbolisée par l'expression de chef de la majorité souvent accolée à celle de « Premier ministre ». Toutefois, le rôle du cabinet n'était pas de se transformer en machine politique : la plupart de ses membres ne l'auraient d'ailleurs pas souhaité. Faire partie d'un cabinet exige, normalement, que l'on partage les principales options de la majorité qui soutient le gouvernement; durant la période électorale que nous allions connaître dans les derniers mois, cela exige même un peu plus, mais on ne peut demander à chaque conseiller technique de se transformer en militant politique ; ce ne serait l'intérêt de personne.

Nos réunions du mercredi ne furent donc que rarement politiques. Le seul à l'avoir publiquement regretté, a posteriori, s'est d'ailleurs exclu de lui-même de l'équipe que nous formions. Aigri, en proie à de lourds problèmes personnels, il n'a pu trouver sa place et a décidé au bout de quelques semaines d'être le mauvais traître de comédie, celui qui révélerait la « Vie intime de Matignon » qu'il enrageait justement de ne pouvoir pénétrer. Je me fais à son endroit plusieurs reproches. D'abord celui de mauvais jugement : c'est moi qui, à la suite d'un voyage effectué ensemble en Afrique du Sud en 1992, avais proposé à Édouard Balladur de le recruter : je m'étais trompé sur ses qualités, à commencer par sa loyauté ; c'est moi ensuite qui, par naïveté probablement, me suis laissé prendre à ses protestations d'amitié lorsqu'il me demandait rendez-vous pour faire le point sur notre situation et... son avenir. Entre deux compliments amphigouriques et plus ou moins clairs selon l'heure de la journée, on évoquait ce dont il rêvait : la présidence de telle ou telle société du secteur de l'audiovisuel, une carrière politique, toutes activités qu'il ne pouvait concevoir, me jurait-il, qu'à l'ombre d'Édouard Balladur et de moi : tant de gentillesse me paraissait bien un peu intéressée, mais j'étais loin d'imaginer une telle bassesse d'âme.

On m'a quelquefois reproché mon cynisme, j'ai manqué en cette occasion de la plus élémentaire lucidité.

Si nous ne faisions pas de politique, bien des sujets restaient à aborder. Il y avait d'abord la vie quotidienne, l'emploi du temps d'Édouard Balladur. Pierre Mongin, assisté d'Arlette Le Bris, veillait au bon enchaînement de chacune des activités du Premier ministre. Il y faut une rigueur et une organisation difficilement descriptibles. La vie à Matignon est un ballet quotidien qui jamais ne fait relâche ; à plusieurs reprises, il a fallu gérer l'imminence d'une « catastrophe » : je me souviens de Soljenitsyne, errant dans les couloirs et cherchant... un guide qui parle russe et l'accompagne au fumoir-salon où il était attendu.

La suite même des rendez-vous peut être l'occasion de problèmes difficilement surmontables. Un dimanche de l'hiver 1993 (comme c'est déjà loin), un épisode particulièrement dramatique – l'asphyxie de la poche de Bihac – de la malheureuse affaire bosniaque avait conduit un groupe d'intellectuels et d'écrivains à demander une audience urgente à Édouard Balladur.

Leur sincérité ne pouvait être mise en cause. Je connaissais certains d'entre eux et j'estimais, comme le Premier ministre, que, même si l'on ne pouvait épouser toutes leurs thèses, il fallait les recevoir. Il y avait là Daniel Rondeau, journaliste et écrivain d'une grande finesse qui n'avait pas hésité, vingt ans plus tôt, à vivre lui-même son engagement « révolutionnaire », André Glucksmann, Gilles Hertzog (qui deviendra mon éditeur !), d'autres que j'oublie aujourd'hui, mais il y avait, j'allais dire surtout, Bernard-Henri Lévy.

Quelques mois auparavant, il avait tourné un film bouleversant sur la Bosnie en guerre, son engagement aux côtés du président Izetbegovic était ancien, incontestable, incontournable, dit-on aujourd'hui.

La réunion avec le Premier ministre, dans cette soirée d'hiver, s'était bien passée si l'on peut dire. Chaque membre de la délégation (elle en comportait une petite dizaine) avait exhorté le gouvernement au courage (enfin !) à l'action (laquelle, précisément ?) rappelant avec lyrisme quelquefois, conviction toujours, le martyre du peuple bosniaque. Le Premier ministre s'était montré comme à son habitude attentif et courtois, avait exposé les difficultés rencontrées par le gouvernement, les souffrances de nos soldats, les pertes inutiles que nous subissions, la passivité de la communauté internationale, la complexité byzantine des rouages mis en place par l'ONU... Bref, on s'était, sinon convaincu, du moins expliqué.

Alors que je raccompagnais la délégation dans le grand escalier de Matignon, nous nous heurtâmes au ministre des Affaires étrangères qui, avec le ministre de la Défense et le chef d'état-major des armées, devaient participer autour d'Édouard Balladur à une réunion, elle aussi, sur la Bosnie et la poche de Bihac.

Une semaine plus tôt, Bernard-Henri Lévy, invité d'Anne Sinclair sur TF1, avait eu pour Alain Juppé des propos peu amènes.

Non seulement, ils ne se saluèrent pas, mais Alain Juppé vint droit sur moi : « Vous l'avez fait exprès », me dit-il sans que je comprenne de quoi il s'agissait ! Il avait pensé que nous avions réglé ces deux réunions l'une derrière l'autre, dans le but unique de lui être désagréable. Aujourd'hui, Premier ministre, il doit mieux mesurer les contraintes des emplois du temps « matignonesques ».

Le mercredi était également l'occasion de faire, pour le cabinet et en temps réel, le point sur les mesures au menu du Conseil des ministres.

La partie la plus attendue était naturellement celle consacrée aux nominations. Elles rythment chaque semaine la vie de l'État et de l'Administration ; certaines sont programmées, anodines, d'autres plus complexes sont le fruit d'arbitrages délicats.

Denise Esnous, qui participait à ces réunions, était la mémoire de notre équipe. Chef du secrétariat particulier de Georges Pompidou, elle avait suivi Jacques Chirac de Matignon à l'Hôtel de Ville, avant de réduire ses activités. Elle avait connu tous les ministres du gouvernement et le Premier ministre lui-même, jeune chargé de mission, trente ans auparavant.

Durant ces réunions de cabinet plutôt austères, elle faisait entendre sa voix quand l'une ou l'autre des nominations recueillait sa faveur, soit, au contraire, une désapprobation vigoureuse, justifiée par des épisodes d'une vie antérieure, inconnue de beaucoup d'entre nous.

La situation politique, quant à elle, n'était pas, je l'ai dit, l'objet principal de nos réunions. Au fur et à mesure que passaient les mois, il devenait de plus en plus difficile d'en faire, entre nous, un thème de débat. Je n'avais vérifié l'appartenance politique d'aucun de ceux qui allaient être amenés à travailler avec moi pour le Premier ministre; plusieurs avaient participé au cabinet de Jacques Chirac en 1986 et continuaient à entretenir avec lui de bonnes relations. Il n'était pas question de les mettre dans une situation embarrassante. Il ne le fut pas davantage, une fois la campagne présidentielle engagée. Tous ceux qui voulurent s'engager derrière Édouard Balladur le firent; les autres continuèrent leur métier de « conseiller technique » sans difficulté.

Comme chaque fois, l'équipe que nous formions fut critiquée : nous étions trop jeunes, inexpérimentés, trop peu politiques, bref nous ne pouvions qu'échouer.

Ce n'est pas (évidemment) le souvenir que je garde de cette période : à tout prendre, les choses n'ont pas si mal fonctionné : le passé fourmille d'exemples ou le cabinet du Premier ministre fut plus « pittoresque », et qui peut dire ce que réservera l'avenir ?

Pour ma part, c'est avec tendresse que je repense à Matignon; certes, ce fut une période d'inquiétude permanente, de doute, mais aussi de plénitude. Nous n'avons connu ni le drame de la transfusion, ni l'angoisse des attentats, le sang n'a pas coulé pendant les inévitables manifestations. Instruits par l'expérience de nos prédécesseurs, le spectre d'une nouvelle épidémie de Creutzfeld-Jakob nous conduisit à faire détruire, chez Rhône-Poulenc notamment, des stocks entiers de vaccins douteux.

En somme, nous avons eu de la chance. Une nuit, la tension ordinaire entre les pêcheurs français et espagnols dégénéra en une véritable bataille navale. La Marine nationale dépêcha ses navires pour séparer les combattants. Ce soir-là, nous avons tremblé et j'ai pensé que la tâche de mes camarades marins ne devait pas être simple tous les jours !

10

Matignon pour quoi faire?

La campagne législative de 1993 ayant conduit une nouvelle majorité au pouvoir, le président Mitterrand en avait tiré la conclusion qu'il devait nommer Édouard Balladur.

Pour le nouveau Premier ministre, ce n'était pas une fin mais un commencement. Il n'avait pas décidé d'accepter sans réfléchir. On s'engage en politique parce qu'on croit en l'action et en sa propre capacité à peser sur le cours des choses.

Contrairement à ce qu'escomptaient certains leaders de la toute nouvelle majorité, François Mitterrand ne consulta ni Jacques Chirac, ni Valéry Giscard d'Estaing. Comme souvent, il fit appel à celui que les Français appelaient de leurs vœux, le Premier ministre « naturel » de 1993.

Les difficultés, Édouard Balladur les avait mesurées : elles étaient de tous ordres. Il y avait d'abord, élément de base, la cohabitation. La première ne l'avait pas laissé indifférent ; il en conservait des souvenirs très précis.

Il y avait ensuite la majorité et sa diversité : deux ans nous séparaient des élections présidentielles.

Cela signifiait que le gouvernement allait être enfermé dans une alternative peu commode : un échec de la politique gouvernementale entraînerait à coup sûr un échec aux présidentielles, mais un succès trop éclatant susciterait immanquablement des difficultés d'un autre ordre : à l'intérieur même de la majorité, le choix du ou des candidats.

Il y avait, enfin, la situation du pays : récession économique, chômage galopant, climat d'affaires délétère. Bref, il n'y avait pas de quoi faire tellement envie !

Édouard Balladur ayant accepté la fonction, il se mit au travail. On nous a, on *lui* a, beaucoup reproché de n'avoir pas fait suffisamment le procès de son prédécesseur. Édouard Balladur n'a pas le tempérament d'un procureur, c'est ainsi.

Pour que les choses, néanmoins, soient clairement établies, Jean Raynaud, ancien chef du parquet, procureur général près la Cour des comptes, fut chargé de dresser un état des lieux. La commission qu'il constitua se voulait équilibrée. Le rapport qu'elle établit, quelques semaines plus tard, était objectif; il ne fut pas contesté. Il fait état de nombreux dysfonctionnements, de déficits plus importants que prévu. Nulle part, il n'y est fait mention de calamités. Peut-être est-ce un tort, mais, à bien y réfléchir, je vois mal ce que cela aurait pu nous apporter d'organiser plus de tapage, fût-il fondé.

Nul à Matignon, ni dans le gouvernement, n'avait le sentiment d'une quelconque revanche à prendre. Bien nous en a pris d'ailleurs !

A peine étions-nous installés à Matignon, le 1er mai au soir, c'était un samedi, un des militaires appelés du service de presse fait irruption dans mon bureau, tenant à la main une dépêche. Au même moment, le préfet de la Nièvre m'annonce le suicide de l'ancien Premier ministre. Il est difficile de décrire les sentiments qui furent les nôtres à ce moment précis. Je n'avais personnellement jamais rencontré Pierre Bérégovoy avant la cérémonie de passation de pouvoir, vieille à peine de trois semaines ; il m'avait paru fatigué mais c'était tout à fait explicable : il venait d'exercer les fonctions de Premier ministre et de subir une campagne de presse particulièrement pénible. Quelques jours avant ce 1er mai, ce devait être le mercredi, je l'avais revu à l'Assemblée nationale et il avait eu un court échange dans les couloirs avec son successeur. Cette fois encore, il s'était montré plus que fatigué, las, et comme revenu de tout, mais en dehors de cette impression fugitive, nous ne disposions d'aucun élément susceptible de nous mettre en garde. Malgré la campagne personnelle très dure qu'il avait dû affronter, aucune procédure judiciaire n'était en cours qui eût pu l'inquiéter.

Dans les premières minutes qui suivirent l'annonce de son suicide, les conseillers qui se trouvaient encore à pied d'œuvre, en ce samedi soir, arrivèrent peu à peu dans mon bureau. Il y avait là Valérie Bernis, Victoire de La Genière, Patrick Suet et Pierre Mongin naturellement, Anne Le Lorier qui quittait peu Matignon.

On imagine l'état d'excitation des médias, leur fébrilité. Pierre Bérégovoy n'étant pas mort sur le coup, la décision fut prise de le transporter au Val-de-Grâce en hélicoptère pour tenter l'impossible.

Avant même que l'issue fatale soit confirmée, télévisions et radios, de flash en flash, commentaient la nouvelle, faisaient état de réactions. J'eus toutes les peines du monde à convaincre l'un des présentateurs, vers vingt heures, que l'Agence France-Presse n'était pas « infaillible » et que le fait qu'une dépêche ait annoncé le décès de l'ancien Premier ministre ne signifiait pas que la nouvelle soit sûre. Elle ne l'était pas et il restait encore deux heures de ce drame à vivre. J'ai eu physiquement la sensation de cette course que se livrent les organes d'information : ce qui comptait avant tout n'était pas de savoir à l'instant la vérité, mais d'annoncer la nouvelle avant les autres. En plein journal de vingt heures, j'ai dû insister auprès du responsable d'édition de TF1 de la manière la plus vigoureuse pour que, par oreillette interposée, il fasse démentir l'annonce prématurée du décès de Pierre Bérégovoy.

Édouard Balladur, immédiatement mis au courant, avait décidé d'aller accueillir au Val-de-Grâce l'hélicoptère qui venait de Nevers ; il m'avait prié d'aller moi-même à l'hôpital informer le président Mitterrand, qui s'y trouvait déjà, de son arrivée.

Les minutes que j'ai passées là sont gravées dans ma mémoire. J'ai dit que je n'ai jamais pris la moindre note sur cette période. Est-il besoin de noter quoi que ce soit pour se souvenir de la nuit tombée sur le grand hall dallé de marbre du Val-de-Grâce ? Philippe Massoni, le tout nouveau préfet de police, m'accueillit et me conduisit jusqu'au Président. Dans un petit bureau ordinairement occupé par l'un ou l'autre des médecins de l'hôpital, François Mitterrand, accompagné de Laurent Fabius, d'Hubert Védrine et du Dr Gubler, se tenait, comme frappé par cet événement qu'il n'avait, lui non plus, pas prévu, et qu'il n'avait pu éviter. Une fois mon message délivré au Président, j'étais allé accueillir le Premier ministre qui l'avait rejoint. Ils restèrent seuls ensemble pendant une heure, durant laquelle le président Clinton appela pour parler de la Bosnie. Dans le hall, les chirurgiens de l'hôpital dissertaient sur les chances de survie de celui qui serait remis entre leurs mains et qui, pour eux, devait rester un blessé comme un autre. La soirée s'était prolongée, naturellement lugubre ; la famille de l'ancien Premier ministre était arrivée, François Mitterrand et Édouard Balladur étaient allés les saluer sans espérer pouvoir les réconforter : peu de temps avant l'atterrissage, Pierre Bérégovoy avait cessé de vivre.

Nous nous tenions par petits cercles dans le hall du Val, François Mitterrand allait de groupe en groupe, droit et livide, visiblement très touché par ce qu'il venait de vivre. Il eut, s'adressant à l'un des présents, une courte phrase : « Eh bien voilà ! La boucle est bouclée ! » Que voulait-il dire ? Il avait commencé son premier septennat avec Pierre Bérégovoy comme Secrétaire général de l'Élysée ; celui-ci avait été le dernier Premier ministre selon son cœur, ou du moins qui partageât ses options politiques, et voilà qu'il mettait fin à ses jours.

Il y avait sûrement de quoi philosopher sur la vie et sur soi-même. Édouard Balladur salua la famille de celui qui ne parvenait plus à supporter sa propre existence ; il s'entretint un moment avec François Mitterrand qui, à plusieurs reprises, le retint. Puis, il se retira, de crainte d'être importun. « Je vous laisse avec les vôtres », dit-il à François Mitterrand, bouleversé, qui lui répondit : « J'ai un dernier devoir à accomplir, aller saluer sa dépouille. » Édouard Balladur quitta le Val-de-Grâce.

Quelles réflexions pouvait-il se faire à ce moment précis ? Je ne le sais pas et je ne lui ai pas demandé. Il a dû percevoir, mieux peut-être que jamais, que la politique qui sert de jeu à une poignée d'aficionados parisiens, prêts à tout pour relancer l'intérêt de la partie, est pleine de cruauté. Quelques mois plus tard, cette violence-là, différente, certes, mais tellement insidieuse, nous devions à notre tour la voir rôder autour du candidat Balladur !

En ce soir du 1er mai 1993, le Premier ministre ne pouvait que se féliciter de la sobriété avec laquelle il avait évoqué, le 8 avril précédent, devant l'Assemblée nationale, le bilan de son prédécesseur. « Inutile de rappeler les événements de ces dernières années. C'est justement parce qu'ils les avaient présents à l'esprit que les Français ont voulu changer de cap », avait-il déclaré, notant un peu plus loin, avec Marc Aurèle, que « l'obstacle est matière à action ».

Le discours de politique générale est un devoir obligé qui est, en quelque sorte, au nouveau Premier ministre, son rite de passage initiatique. Les députés les plus anciens, les journalistes chevronnés s'érigent en juge des qualités politiques, littéraires et oratoires du nouvel impétrant.

Chaque discours acquiert, en bien ou en mal, sa notoriété propre. Il recèle, plus souvent que ne le décèlent les analystes, la personnalité de son auteur.

Édith Cresson s'était médiocrement acquittée de sa tâche en ajoutant, ciseaux et tube de colle à la main, dans un désordre qui n'était pas savant, les contributions de chacune des administrations qu'elle avait sollicitées. Ce jour-là, elle avait donné l'image de l'action désordonnée et parfois déroutante qui allait être la sienne un an durant.

Son successeur avait sorti, comme un lapin de son chapeau, une liste d'affaires politico-judiciaires qui menaçaient, en éclatant, d'éclabousser la droite. Pourquoi le destin a-t-il voulu qu'il disparaisse, terrassé par le bruit fait autour d'une affaire qui, elle, ne figurait pas sur sa liste ? Est-ce l'inconscient qui parlait ce jour-là ? Une volonté d'exorcisme ?

Édouard Balladur avait conscience de l'importance politique de son discours. Il l'a travaillé et retravaillé lui-même, procédant comme à l'accoutumée, c'est-à-dire dictant l'ensemble d'une traite, à Arlette Le Bris, à partir d'un plan détaillé, avant de le corriger et de le recorriger.

Faire que la France soit à nouveau un exemple pour le monde, telle était l'ambition, dans ce discours, du Premier ministre. Les Français sont ainsi faits que, s'ils rechignent à accepter les mesures difficiles mais nécessaires qu'on leur propose, ils n'acceptent pas non plus que leur pays ne soit pas, dans tous les domaines, aux premiers rangs des nations.

« Le nouvel exemple français » proposait donc une voie nouvelle qui n'était ni celle du statu quo socialiste, ni celle de la facilité.

Alors qu'il montait à la tribune, souriant mais grave, j'observais le Premier ministre et les députés qui le dévisageaient. J'avais été admis, comme c'est la tradition, à assister à ce discours au banc des commissaires du gouvernement, situé immédiatement derrière celui des ministres. Ce fut, à n'en pas douter, un moment des plus agréables.

Jamais, depuis la fondation de la République, un Premier ministre n'avait eu, pour le soutenir, une si vaste majorité. Jamais en deux cents ans ! Redoutable privilège.

Pourtant, après deux heures de discours, les parlementaires réservèrent à celui qui devenait le chef de leur majorité, conformément à la tradition de la Vᵉ République, une longue ovation qui s'éleva de la droite de l'hémicycle pour se propager presque jusqu'à l'extrême gauche, tant la majorité nouvelle était physiquement pesante. Du RPR au Parti radical, de Pierre Mazeaud à Jacques Barrot, en passant par Jacques Chirac, Raymond Barre et Valéry Giscard d'Estaing, ils étaient tous debout à acclamer longuement celui qui avait accepté d'être, pendant les deux années que durerait la nouvelle cohabitation, leur Premier ministre et, sur le plan politique, leur chef.

A quoi pensaient-ils, qu'espéraient-ils au fond d'eux-mêmes, ou que redoutaient-ils ? A la lumière des deux années qui se sont écoulées, il me semble que je le sais mieux aujourd'hui.

La masse des parlementaires de la majorité souhaitait le succès du nouveau gouvernement, cela est certain. Beaucoup d'entre eux, élus pour la première fois, éprouvaient la légitime fierté d'être les représentants du peuple et savaient d'instinct que leur sort dépendrait de la réussite ou de l'échec des gouvernements qui se succéderaient au long de la législature.

Mais cette période de cinq années allait être traversée par l'élection présidentielle ; si tous n'y songeaient pas ce jour-là, beaucoup y pensaient déjà : la partie était commencée, pour une part les jeux étaient faits. Pour les autres, dont le nombre irait en s'élargissant – ils restaient ouverts ; tous ceux qui ne participaient pas directement à l'action gouvernementale allaient être spectateurs, plus ou moins engagés.

Pour le gouvernement, la tâche était rude ; jamais peut-être elle n'avait été aussi difficile, du fait des circonstances et du calendrier politique.

Chômage, récession, cohabitation, élections : tous les ingrédients du piège étaient là ; c'est les yeux ouverts qu'Édouard Balladur et l'équipe qu'il avait constituée autour de lui y sont entrés.

11

Gouverner

La désignation des membres du gouvernement indiquait la volonté d'Édouard Balladur de conduire son affaire en « équipe ». Dès le lendemain de leur prise de fonction, les ministres furent réunis dans la salle du Conseil pour débattre de la règle du jeu de cette partie qui durerait deux ans.

Cette réunion fut à la fois solennelle et enjouée : pour la première fois, les nouveaux ministres, Renaud Denoix de Saint-Marc, le Secrétaire général du gouvernement qui assumait cette fonction délicate et essentielle avec talent depuis la première cohabitation, et moi-même, nous trouvions autour du Premier ministre qui nous expliquait ses choix, sa méthode de travail et ses souhaits.

Après avoir constaté que des difficultés de tous ordres, politiques, économiques et sociales, allaient nous faire bonne escorte, il fixa quelques « commandements ».

– Chacun devait s'attacher à défendre la politique du gouvernement. Cela allait de soi en avril 1993, mais, au fil des mois, cette ferme recommandation prit tout son sens; à partir de janvier 1995, elle devint même, avec le recul, étrangement prémonitoire !

– Chacun devait s'interdire de participer au débat présidentiel jusqu'à la fin de 1994.

Pour être plus clair encore sur ces deux points, Édouard Balladur précisa : « S'il advenait que le parti politique auquel vous appartenez ou que vous dirigez, estimait devoir prendre ses distances vis-à-vis de la politique du gouvernement, vous devriez vous-même prendre vos distances vis-à-vis de ce parti. »

Affirmant avec solennité et détermination sa solidarité avec chacun des membres de son gouvernement, le Premier ministre expliqua enfin qu'il attendait en retour une harmonie que ne devrait troubler aucune zizanie. « Si le gouvernement devait tirer à hue et à dia, je me retirerais sans hésitation. »

Je ne sais si, à ce moment, les ministres l'ont cru. Moi, je savais qu'il était sincère ; sincère aussi lorsqu'il demanda, au cours de la même réunion, à tous les membres du gouvernement de confier la gestion de leur patrimoine à un organisme indépendant pour éviter la confusion des genres ; sincère enfin lorsqu'il conseilla aux ministres de ne pas transformer leurs conjoints en décorateur amateur des palais nationaux qu'ils allaient occuper. Pour lui, il ne devait passer que quelques nuits à Matignon, les soirs de crise, tenant par-dessus tout à ce qu'il lui reste chez lui un « espace privé », aussi réduit soit-il par l'emploi du temps d'un chef de gouvernement.

Chacun des ministres put ensuite s'exprimer ; pour la première fois étaient là, autour de la longue table du Conseil, le président du Parti républicain, celui du Parti radical, celui du CDS, accompagné de son secrétaire général, le secrétaire général du RPR, l'ancien secrétaire général de l'UDF et futur président du CDS, sans compter Charles Pasqua et Simone Veil qui, pour ne pas occuper de fonctions précises au sein de leur famille politique, n'en avaient pas moins un poids politique respectable.

Face à eux se tenait Édouard Balladur ; chacun avait conscience qu'il n'était pas un « professionnel » de la politique. On le lui a reproché durant la campagne présidentielle, peut-être un peu légèrement, eu égard à la suite des événements.

Son objectif était simple : faire en sorte que, après deux ans de sa gestion, les choses aillent mieux en France. Il n'y aurait rien de plus injuste que de juger cette période à l'aune du résultat des présidentielles : pour les Français, ce qui importait c'était non pas le destin de tel ou tel mais l'amélioration ou la dégradation de leurs conditions de vie, de l'image de leur pays, de nos chances pour l'avenir.

Malgré la récession, le chômage qui croissait dans les premiers mois de trente ou quarante mille tous les trente jours, le gouvernement qu'Édouard Balladur avait constitué est resté étonnamment populaire. Pourquoi ? Parce qu'il est resté uni, parce que les promesses furent rares et tenues, les décisions concrètes et suivies d'effet. Le chômage, enfin, régressa, la France vécut dans une paix relative sur son sol. Elle fut à l'origine d'un pacte de stabilité en Europe ; elle restaura le front uni des Européens dans la négociation du GATT qui put ainsi être menée à bien. Bref, si tous les problèmes ne furent pas réglés, chacun fut abordé et un peu partout les améliorations furent sensibles.

Mais c'est sur le front économique et social que l'affaire était la plus délicate. Édouard Balladur était condamné à réussir : deux ans plus tard, les Français, à la faveur de l'élection présidentielle, demanderaient des comptes, à lui ou au candidat qu'il soutiendrait.

Nous ne nourrissions, quoi qu'on ait pu penser ou dire, pas beaucoup d'illusions. Le hasard fait que à l'été 1992, Édouard Balladur, je l'ai dit, avait rencontré George Bush : il avait, lui aussi, redressé l'économie de son pays, fait diminuer le chômage, et pourtant ses concitoyens l'avaient, l'automne suivant, renvoyé dans ses foyers.

Si l'économie française n'était pas relancée, la majorité de 1993 rencontrerait des difficultés réelles deux ans plus tard. Si les choses allaient mieux, cela ne signifiait en rien qu'Édouard Balladur pourrait en tirer un quelconque profit électoral. La rationalité électorale est d'un autre ordre.

Deux années, c'est peu. Voilà plus de vingt ans que les Français entendent parler de crise économique, d'inflation, de chômage structurel ou conjoncturel. Les journaux, magazines et chaînes de télévision ne cessent de programmer des émissions censées faire la lumière sur une situation qui, au fil des années, a fini par sembler sans remède.

Les quatre alternances politiques que nous avons vécues en 1981, 1986, 1988 et 1993 ont donné l'impression que tout, ou presque, avait été essayé. A la rigueur mêlée de religion des grands équilibres, chère au cœur de Raymond Barre, a succédé en 1981 une tentative de rupture avec les principes de l'économie de marché. Tentative avortée qui conduisit une nouvelle majorité en 1986 à mettre en œuvre une politique résolument libérale qui, si elle permit à notre pays d'assainir ses structures et de renouer avec la croissance, fut néanmoins interrompue en 1988. Cette fois, on fit de l'immobilisme une vertu, en se gardant à gauche, en se gardant à droite. Ni-ni, c'est-à-dire plus rien.

Pendant ce temps, nos partenaires, plus raisonnables, se renforçaient et prenaient sur nous une avance qu'il nous serait difficile de combler.

Mars 1993 : chaque mois, la France produit moins que l'an passé ; dans le même temps, les chômeurs sont plus nombreux, ainsi que les plus démunis et les sans-abri qui deviennent une catégorie sociale à part entière à mesure que se popularise le sigle lénifiant de SDF.

L'économie n'est sûrement pas une science exacte : pour l'avoir enseignée cinq années à Sciences Po, je sais qu'on peut la mettre en équation, en courbes ou en tableaux, mais pour l'avoir épiée comme le lait sur le feu, deux ans durant, attendant qu'elle veuille bien frémir, je sais mieux encore combien elle échappe aux prévisionnistes comme aux gouvernants.

Pour nous, les choses étaient simples : avec de moins en moins d'argent, il fallait faire face à toujours plus de besoins, et de détresses. Le tout en revenant vers l'équilibre ! Imagine-t-on pire quadrature du cercle ?

Il n'est pas étonnant que le thème de l'« autre politique » se soit peu à peu popularisé, jusqu'à sembler une alternative à celle que conduisait Édouard Balladur.

Notre société médiatique fait du couple « décision-explication » un élément fondamental. Plus la réalité est délicate, confuse, instable, plus la tentation est grande de recourir à *une* solution simple, magique. En 1992 et 1993, le thème de la dévaluation de notre monnaie devenait lancinant.

Il s'agissait d'une mesure « simple », d'apparence chirurgicale et qui était censée nous redonner les fameuses marges de manœuvre dont nous avions besoin.

Économiquement, rien ne justifiait une telle décision, ni l'état de notre appareil productif, ni notre niveau de compétitivité. Plus grave, c'eût été remettre en cause, encore et encore, notre « sérieux », notre capacité collective à la « solidité », vertu réputée peu française et tellement germanique.

Mais la dévaluation, outre qu'elle était pour nombre d'acteurs économiques une facilité (momentanée), avait, pour certains, un pouvoir incantatoire. Ceux qui s'étaient mal consolés du choix des Français en faveur de la construction européenne lors de Maastricht crurent tenir leur revanche. A la fin de juillet 1993, alors que la France entière était occupée à se retourner côté pile et côté face pour mieux bronzer, nous fûmes confrontés à l'une des crises de ces deux années qui n'en seraient pas chiches : la prise d'otages à la maternelle de Neuilly, le détournement de l'Airbus d'Alger, pour ne citer que les plus aiguës. Chaque fois, le rythme de l'hôtel de Matignon tout entier s'accélère comme les pulsations cardiaques d'un cycliste au moment de l'effort. Seuls les conseillers directement utiles sont présents, pour ne pas alourdir la machine. Cette fois-ci, Anne Le Lorier devait jouer auprès du Premier ministre le premier rôle. Édouard Balladur avait, dès les premières heures, fixé la ligne qui serait la sienne : refuser la dévaluation qu'« on » cherchait à lui imposer (plus tard, beaucoup plus tard, on pourra s'interroger sur l'identité de ce « on »).

Injustifiée sur le plan économique, cette dévaluation aurait affaibli la France sur la scène internationale et d'abord européenne. Avant même d'être nommé Premier ministre, Édouard Balladur avait rencontré le chancelier Kohl pour s'assurer du prix qu'ils attachaient réellement tous deux au « lien » entre la France et la République fédérale. Quelques jours avant les élections, le gouverneur de la puissante Bundesbank s'était lui-même rendu secrètement au domicile parisien d'Édouard Balladur pour une nouvelle conversation sur ce thème, du point de vue monétaire.

Les protagonistes du drame se connaissaient bien. Dès les premiers jours, tout fonctionna ; la collaboration entre les deux banques centrales française et allemande permettait de tenir, mais les attaques contre le franc ne désarmaient pas. En réalité, l'ensemble du système était menacé. La couronne danoise, l'escudo, le florin, le franc belge, le franc français, la livre irlandaise, la peseta et le mark s'éloignaient les uns des autres.

Tous les techniciens de la chose monétaire étaient mobilisés : réunion exceptionnelle et secrète des ministres des Finances et des gouverneurs français et allemand à Munich les 22 et 23 juillet, puis de nouveau à Paris le 30, réunion à Bruxelles du Comité monétaire européen, puis du Conseil des ministres des Finances les 31 juillet et 1er août. Sur le plan français, les divers fils étaient, cette fois, tenus dans la même main : le gouverneur de la Banque de France, Jacques de la Rosière, avait été nommé en 1987, Édouard Balladur étant ministre des Finances. Le directeur du Trésor, Jean-Claude Trichet, avait dirigé son cabinet, le directeur de cabinet d'Edmond Alphandéry, Christian Noyer, avait appartenu à l'équipe Balladur en 1987 ; tous avaient travaillé de longues années avec Anne Le Lorier.

Au passage d'une bouée, la réussite de la manœuvre dépend de la synchronisation parfaite des gestes de chaque équipier. Si le Premier ministre ne s'était pas préparé à cette crise dès avant mars 1993, si ses collaborateurs n'avaient pas eu une longue expérience de ces dossiers, la France eût été contrainte de dévaluer. En l'occurrence, il valait mieux n'être pas trop « amateur ».

Dans la nuit du dimanche 1er août, tout paraissait bloqué à Bruxelles entre les ministres des Finances et les gouverneurs. Aucune solution n'était en vue, ou plutôt, aucune solution acceptable par tous. Le flottement du mark, proposé par la France était écarté. A l'idée de se séparer du mark, certains gouvernements européens avaient l'impression de se démonétiser eux-mêmes.

L'hypothèse d'un élargissement de 2,25 à 6 pour cent des marges de fluctuation entre les devises européennes avait été étudiée sans succès.

Une modification des parités n'était pas justifiée. Pourtant, la poursuite d'interventions massives sur le marché des changes paraissait déraisonnable, et personne ne souhaitait prolonger une flambée des taux d'intérêt pour défendre les monnaies attaquées, qui, rendant l'argent hors de prix, briserait net l'élan de la croissance.

Le dimanche, à 23 h 30, le Premier ministre donna instruction à la délégation française de proposer et d'obtenir un élargissement substantiel des marges de fluctuation à 15 pour cent. Les ministres des Finances et les gouvernements se mirent rapidement d'accord sur cette proposition.

Les spéculateurs, ou, du moins, ceux qui parient sur la faiblesse momentanée de telle ou telle devise, s'appuient habituellement sur ces fameuses frontières qu'ils cherchent, de tout leur poids, à faire céder. Nous les plongions dans l'incertitude en repoussant plafonds et planchers au-delà de leurs capacités d'intervention : la crise était finie.

Pour un temps, l' « autre politique » s'éloignait elle aussi. Le gouvernement avait réussi à éviter ce qui, immanquablement, eût été présenté comme un premier échec, mais Édouard Balladur avait pu mesurer concrètement que chacune de ses difficultés techniques allaient être autant d'enjeux politiques. A l'affrontement classique entre gouvernement et opposition se surajoutait une coexistence plus subtile à l'intérieur de la majorité.

Quelques semaines avant cet épisode, Alain Madelin, ministre des Entreprises, avait, nonobstant la sensibilité extrême des questions monétaires, publié un article dont l'orthodoxie était sujette à caution. Le Premier ministre avait préféré s'en expliquer directement et sans publicité avec son ministre : l'article incriminé, reconnut ce dernier, avait dépassé sa pensée. Pour que les choses rentrent dans l'ordre, il publia le 9 juillet un communiqué affirmant sa confiance rétrospective dans notre monnaie.

Jacques Chirac, qui n'avait pas souhaité jusque-là condamner l'« autre politique », m'avait demandé, étant absent de Paris, de lui préparer, pendant les quelques jours qu'avait duré la crise, un communiqué exprimant son soutien à la politique du gouvernement. Je préparai donc ce texte que je soumis à Maurice Ulrich, mon prédécesseur à Matignon du temps de la première cohabitation. Valéry Giscard d'Estaing lui-même avait approuvé, un peu plus tôt, les décisions prises par le gouvernement. Apparemment, la majorité, trois mois après les élections législatives, restait unie dans son soutien au gouvernement auquel elle venait massivement de voter la confiance.

Mais pour avoir vécu ces heures auprès d'Édouard Balladur, pour en avoir souvent parlé avec lui depuis, je sais quel sentiment de solitude a pu être le sien à ce moment précis.

Prenant les rênes du pouvoir en avril 1993, il trouvait une situation économique plus que difficile : l'endettement de la France s'était rapidement accru depuis 1988, le chômage poursuivait une ascension qui semblait inexorable, le patronat cachait mal sa dilection pour une dévaluation qu'il aurait assez bien accueillie, pour peu que l'on se laissât également tenter par un léger retour de l'inflation. Bref, la facilité et peut-être l'intérêt bien compris du chef du gouvernement auraient dû conduire Édouard Balladur à céder à la tourmente monétaire, quitte à mettre la dévaluation au passif de nos prédécesseurs. Il ne l'a pas voulu parce que c'était contraire à l'analyse qu'il faisait de l'intérêt national. Sa capacité de conviction devait être réelle, puisque les marchés, nouveaux oracles irascibles des économies modernes, n'ont plus cherché l'affrontement. Peu à peu, les taux d'intérêt ont été abaissés et ce mouvement s'est poursuivi jusqu'à ce que la fièvre de la campagne présidentielle, vingt mois plus tard, les ressaisisse. J'ai la conviction que, en ne baissant pas les bras en cet été 1993, Édouard Balladur a fait beaucoup, non seulement pour la construction européenne, mais aussi pour notre pays. Inlassablement, la démonstration doit être administrée que les alternances politiques peuvent se succéder sans que notre monnaie en fasse les frais, cela enlèverait-il du piquant à notre vie politique...

12

La vie politique

Les fées politiques qui s'étaient penchées sur le dernier gouvernement du second septennat de François Mitterrand n'avaient pas été chiches ! Nous avons vécu une cohabitation, annoncée depuis de nombreux mois, avec le président de la République, mais également avec la majorité qui « soutenait » le Premier ministre.

En fait, il s'agissait bien d'une double cohabitation, l'une bien connue et publique, et l'autre plus feutrée avec les candidats potentiels à l'élection présidentielle, au premier rang desquels figurait, naturellement, Jacques Chirac.

Comme dans le théâtre classique, plusieurs règles s'imposaient aux acteurs de ce drôle de drame. L'unité de temps, d'abord, était fixée à deux ans et se trouvait être, du fait de la Constitution, non négociable. Sauf incident grave, François Mitterrand n'avait pas la capacité politique de procéder, dans ce laps de temps, à une dissolution. Il ne l'a ni tenté ni laissé croire à aucun moment. L'unité de lieu s'entend dans un sens élargi à cette scène parisienne qui fait s'agiter quelques centaines d'acteurs, ministres, députés, journalistes, et où les têtes nouvelles ont bien du mal à figurer sur l'affiche.

Lorsqu'un acte se déroulait à Matignon, son pendant se jouait au Quai d'Orsay ou à l'hôtel de Lassay.

L'unité d'action, enfin, fut assurée par le spectre des présidentielles que, pour gouverner, Édouard Balladur ne cessa de repousser jusqu'à l'extrême limite.

Mais pour que la France politique ne souffre pas d'ennui, notre chemin, comme le sentier suivi par le petit Poucet, fut égayé de multiples rendez-vous. Élections européennes, élections cantonales, débat sur le report des élections municipales, éventuelles primaires dans la majorité, autant d'événements qui préparèrent les échéances présidentielles.

Enfin, toujours comme dans la tragédie antique, le chœur des parlementaires fit résonner, tout au long de la pièce, la voix du peuple : c'était son rôle.

L'affaire n'était pas simple : Édouard Balladur n'était pas chef de parti, il était pourtant en titre et en fait chef de la majorité. Nous avions gagné les élections législatives dans des conditions telles que, depuis la Révolution française, personne n'avait disposé d'une majorité aussi imposante, et pourtant, là encore, le chef du gouvernement devait compter avec un président de la République qui ne partageait pas ses options et qui, sur un demi-siècle, avait démontré – et avec quel éclat ! – ses capacités de tacticien. Nul doute que son talent allait à nouveau trouver là ample matière à s'exprimer.

Tout un chacun pouvait pressentir que le temps des présidentielles serait d'une particulière âpreté.

La coalition du RPR et de l'UDF pouvait légitimement espérer emporter l'Élysée, toute la question étant de savoir pour lequel des siens. Sur ce sujet, ils étaient quelques-uns à ne pas donner tout à fait la même réponse. Au sein même du gouvernement, les avis divergeaient. Ils divergeaient clandestinement puisque le Premier ministre avait tenté de bannir ce sujet des esprits, mais enfin, il faut reconnaître qu'ils divergeaient.

Certains étaient les partisans « évidents » du président de la formation à laquelle ils appartenaient ; je pense à Jacques Toubon pour le RPR ou à Hervé de Charrette pour l'UDF. D'autres auraient bien recherché « ailleurs » une troisième solution ; d'autres, enfin, pour plus de sûreté, s'étaient résolus à ne rien résoudre tout de suite.

Pour que cet ensemble politique hétéroclite puisse fonctionner, il fallait que chacun y mette un peu du sien. Ah ! Si la compétition présidentielle avait pu se dérouler seulement « entre nous », les débats eussent été plus vifs, les attaques plus dures, les critiques plus systématiques. Mais voilà, tout devait se faire sous les yeux d'une opinion attentive au redressement du pays et d'une opposition prompte à se ressaisir.

Chacun était donc condamné à bien se conduire... au moins au début ! Édouard Balladur prit à cœur son rôle de chef de la majorité et décida, comme l'avait fait avant lui Jacques Chirac entre 1986 et 1988, de convier à sa table les principales personnalités de la majorité pour pouvoir, avec quelques ministres, faire le point sur les travaux du Parlement et éventuellement sur les grands sujets de l'actualité.

J'ai eu la grande chance de participer à l'ensemble de ces déjeuners souvent pittoresques.

L'établissement de la liste des participants (qui varia au fil des semaines) fut l'objet d'une réflexion délicate. Les deux présidents, de l'UDF et du RPR, s'imposaient, ainsi que leurs secrétaires généraux respectifs, François Bayrou et Alain Juppé ; les présidents des principales composantes de l'UDF estimant n'être pas « complètement » représentés par la présidence de leur confédération, Valéry Giscard d'Estaing, Gérard Longuet et Pierre Méhaignerie allaient donc être des nôtres, ainsi que les deux ministres chargés des relations avec le Parlement : Pascal Clément et Roger Romani, l'un UDF, l'autre RPR, l'un pour l'Assemblée, l'autre pour le Sénat. L'un deviendrait balladurien, l'autre resterait chiraquien et... ministre.

Enfin, Charles Millon et Bernard Pons apportaient à ces déjeuners leur expérience de présidents des groupes parlementaires, dont un observateur naïf aurait pu, en toute logique, supposer que la vocation était de soutenir le gouvernement.

Du temps de la gloire du Parti socialiste, un petit déjeuner réunissait autour du Président les « éléphants ». Un petit déjeuner étant en principe plus court qu'un déjeuner, on est plein d'admiration pour la sagesse de celui qui conseilla à François Mitterrand la formule petit déjeuner !

Mais nous ne reculions devant rien et nous en eûmes pour notre argent !

Le premier de ces mardis, chacun était plein de bonnes et excellentes intentions.

Je n'avais jamais rencontré Valéry Giscard d'Estaing, il me parut, comme souvent, plus grand qu'à la télévision, plus énigmatique aussi. Alors qu'Édouard Balladur me présentait rapidement à lui, il me tendit la main distraitement, en demandant au Premier ministre : « De quelle origine est-il ? »

Un moment, mon esprit s'embrouilla, mais, fort heureusement, la question ne m'était pas adressée. Édouard Balladur répondit rapidement « Cour des comptes », ce qui parut satisfaire l'ancien Président. Pour moi, j'avoue, à ma grande confusion, que les idées les plus saugrenues m'avaient traversé l'esprit. Que fallait-il répondre à cette entrée en matière un peu abrupte ? Que mes origines étaient clairement bourgeoises ou plus simplement normandes ? Peut-être était-ce l'ensemble de ces informations qu'il m'aurait fallu fournir pour être dûment répertorié.

En quelques minutes, l'ensemble des participants fut réuni dans le salon dit « fumoir » qui fut, il y a quelques années, le bureau d'Edith Cresson. C'était la première fois depuis longtemps que certains des convives se retrouvaient dans une réunion commune. Le déjeuner fut plutôt gai, le Premier ministre expliquant les raisons pour lesquelles il avait souhaité cette réunion « conviviale » : les mots d'union, d'effort, de redressement revenaient fréquemment, chaudement approuvés par l'assistance. La seule ombre au tableau fut la légèreté presque coupable du menu. Pour gagner du temps, et faire en sorte que les déjeuners à l'hôtel Matignon restent, dans toute la mesure du possible, des réunions de travail, Édouard Balladur avait souhaité que tous les menus fussent composés d'un plat de résistance (!) et d'un dessert. Il faut croire que cette parcimonie ne fut pas du goût général et, pendant quelques semaines, Paris (le Paris politico-médiatique, ce microcosme cher au maire de Lyon) ne bourdonna que des crampes d'estomacs de Charles Pasqua et des sandwiches longs comme le bras que Jacques Chirac se faisait monter dans son immense bureau de l'Hôtel de Ville avant d'affronter ces déjeuners, le cœur et l'estomac remplis de bénévolence.

Mais comme rien de cela n'échappait à notre hôte, quelques détails changèrent : le plateau de fromages fit une apparition appréciée de tous, Jacques Chirac eut son poivrier personnel, plus grand, beaucoup plus grand que les autres, privilège qu'il conserva pendant deux ans, ainsi que sa bière préférée.

Ce premier mardi fut pour moi un enchantement : l'atmosphère y était légère, même si chargée d'une électricité délicate, annonciatrice de beaucoup d'orages mais qui, ce jour-là, n'étaient que mols frémissements.

Comment ne pas trouver charmant l'échange sur le ton enjoué et mondain entre Valéry Giscard d'Estaing et Jacques Chirac à l'heure du café ? Alors que le maire de Paris, calé dans un canapé bleu qui faisait face au parc de Matignon, faisait repasser devant ses yeux les images des quatre années durant lesquelles il avait été, en deux épisodes, le maître de ces lieux, l'ancien président de la République approcha une bergère Louis XV du canapé bleu pour pouvoir plus commodément deviser avec le premier de ses deux anciens Premiers ministres. Après quelques phrases d'usage sur la situation, il formula sur un ton à peine interrogatif ce qui pouvait passer, soit pour un conseil, soit pour une constatation : « Eh bien vous, mon cher ami, qu'allez-vous faire maintenant ? Voyager beaucoup, prendre du recul ? » Jacques Chirac répondit par un grommellement parfaitement dénégatif. Il n'était pas dans ses intentions de « prendre du recul » !

Au fil des semaines, ces rendez-vous hebdomadaires avec les dirigeants de la majorité devinrent le baromètre de notre vie politique. Outre le commentaire de l'immédiate actualité parlementaire, ils permirent d'aborder des questions qui, faute d'une autre enceinte, n'auraient jamais été traitées.

La fixation de la date des élections municipales nous occupa de nombreux mois. Le ministre de l'Intérieur, Charles Pasqua, expliquait depuis l'automne 1993 que la date théorique, mars 1995, n'était pas juridiquement recevable. Elle lui paraissait, ainsi qu'à ses experts, trop proche du premier tour des présidentielles pour que les nouveaux maires puissent être sollicités pour apporter leur parrainage aux candidats à l'Élysée.

Deux thèses s'affrontèrent : les partisans d'une anticipation (janvier ou février) se recrutaient plutôt chez les amis de M. Giscard d'Estaing, ceux qui, au contraire, soutenaient qu'on devait retarder l'échéance municipale, étaient clairement chiraquiens. Comment pouvait-on, en effet, imaginer que le maire de Paris puisse enchaîner, coup sur coup, une campagne strictement parisienne fondée sur l'exaltation de la « parisianité » et une campagne nationale, par définition, tournée vers tous les Français ? Jacques Chirac lui-même ne s'exprima guère sur le sujet, mais fit connaître sa position. Deux ans plus tard, les municipales venues et se déroulant après la présidentielle dans une atmosphère plutôt maussade pour la nouvelle équipe en place (qu'on songe seulement à la perte de Rouen et de six arrondissements de Paris), on fit grief au gouvernement Balladur d'avoir pris cette décision. C'est oublier un peu vite pourquoi elle avait été prise.

D'autres discussions furent plus contingentes et liées à l'actualité. Édouard Balladur, pour animer ces déjeuners, à défaut menacés d'artifice, avait pris l'habitude d'inviter chaque mardi le ou les ministres dont l'activité était sous les feux de la rampe. Ils étaient, comme dans les feuilletons américains, nos guest stars. Nous eûmes ainsi François Fillon, dès que les universités bronchaient ou qu'une mesure malheureuse les mettait dans la rue, Jean Puech à plusieurs reprises de retour de Bruxelles, le plus souvent le front ceint des lauriers de meilleur défenseur de l'agriculture française, Alain Lamassoure, naturellement, parce que l'Europe est toujours un sujet brûlant.

Michel Roussin, qui fut un ministre de la Coopération solide et compétent, écouté et respecté par ses interlocuteurs africains, fut l'invité de l'un de ces déjeuners pour présenter à cette assemblée brillante les tenants et les aboutissants de la nouvelle politique française vis-à-vis de l'Afrique. Je rappelle que, sous l'impulsion de la France et d'Édouard Balladur en particulier, approuvé en cela par l'un des plus grands connaisseurs et amis de l'Afrique, Pierre Messmer, les gouvernements africains avaient décidé de dévaluer leur monnaie, le franc dit CFA, pour mieux tenir compte de leurs réalités économiques. Il s'agissait d'une mesure attendue depuis longtemps, difficile à prendre, tant en Afrique que dans la communauté internationale qui devait apporter son soutien, et qui exigeait beaucoup d'attention dans l'exécution. Elle était toutefois contestée par les « classiques » et les « caciques », ceux qui avaient conservé de l'Afrique une vision – et des positions – datant des années 1960 et 1970.

La présentation de Michel Roussin donna lieu à un vif débat entre les « modernes » et les anciens. Il est aujourd'hui tranché par le succès de cette décision importante. Mais, à l'époque, personne ne pouvait garantir la paix civile dans les capitales africaines, qui voyaient brutalement se renchérir les denrées essentielles à la consommation de tous les jours. Ceux qui désapprouvaient cette réforme importante purent légitimement exposer leurs inquiétudes. Nous vécûmes, à cette occasion, tel un cas d'école, la façon dans les conservatismes de tout poil peuvent accueillir un mouvement nouveau. Tous les gouvernements qui se succèdent ont à vaincre les réticences de ceux qui veulent bien que « tout change pour que rien ne bouge ».

D'autres déjeuners sont passés dans l'histoire politique de la décennie, comme celui qui fut consacré aux essais nucléaires. La thèse d'Édouard Balladur était connue de chacun : il était favorable à la signature d'un traité d'interdiction, dès lors que la France aurait su se doter d'une véritable capacité de simulation des explosions, afin de pouvoir perfectionner, aussi longtemps qu'elle le souhaiterait, son arsenal de défense nucléaire.

Il fallait donc procéder à des essais : était-ce possible sans le consentement du président de la République ? Évidemment non, ni juridiquement, ni politiquement. Tel n'était pas l'avis de tout le monde, et le Premier ministre de rappeler que nul n'avait intérêt à affaiblir la position et la fonction présidentielles. Aujourd'hui, on pourrait en sourire. Le débat avait été vif, naturellement. L'après-midi même, il en circulait plusieurs versions dans la presse, bien que chacun des participants à ces agapes politiques se soit élevé contre les « fuites » inadmissibles. Jacques Chirac ne se gêna pas pour stigmatiser les présumés coupables. Nous eûmes droit un jour à : « Ceci est confidentiel, bien sûr. N'est-ce pas, mon cher X ? »

Tout se passait, en fait, comme si les acteurs de ce feuilleton, dont la nature même exigeait qu'il n'eût pas de public, regrettaient cette modeste obligation et choisissaient, en fonction de leurs affinités ou de leurs intérêts, un auditoire a posteriori. A leur décharge, il faut dire que la pression de la presse était quasi irrésistible ; pour l'alimenter sans risques, nous nous efforcions pourtant de changer le décor de cette pièce dont nous ne pouvions pas donner le texte. A plusieurs reprises, le menu fut confié à l'un des invités. Charles Pasqua, François Léotard, Pascal Clément furent, tour à tour, les grands organisateurs de ces agapes : ce fut chaque fois un succès, aucun sujet qui fâche ne fut abordé ! Rien d'autre ne fut donc raconté au-dehors que la saveur de telle ou telle cuisine.

Les derniers mois furent sombres. Valéry Giscard d'Estaing décidait parfois, pour une raison qui nous échappait à tous, de se taire absolument, l'espace d'un déjeuner; Jacques Chirac ne venait plus que très rarement. Bref, à mesure que se rapprochaient les présidentielles, la tension montait progressivement. Tout le monde se mit en jambes avec l'exercice dit des primaires à la française.

En théorie, l'affaire était simple et chacun était d'accord. Il fallait enfin doter la France, et la coalition RPR-UDF en particulier, d'un système de sélection du candidat le mieux à même de porter ses couleurs lors des deux tours de la présidentielle. C'était tellement évident qu'à l'automne 1992, un texte d'une technicité et d'une complexité inouïes avait été mis au point et signé par tout ce que l'opposition comptait de dignitaires. Il y avait sur ce document les paraphes de MM. Giscard d'Estaing, Chirac, Balladur, Pasqua, Méhaignerie, Longuet, etc. Seul François Léotard, en congé de présidence du PR, n'avait pas signé.

Donc, tout le monde était d'accord... Pour la mise en œuvre, ce ne fut pas tout à fait la même musique. De mars 1993 à Noël 1994, continûment, Édouard Balladur a été perçu par les Français comme le meilleur candidat possible. Il n'y avait pas là de quoi rendre les « candidats naturels » très excités à l'idée de procéder tout de suite à une sélection qui revêtait d'avance les formes de l'élimination. Charles Pasqua, pourtant, tenait à son enfant; il expliqua, écrivit, harangua : rien n'y fit, les primaires restèrent inanimées. Le document qui les organise existe toujours et pourrait resservir un jour. Qui sait ? Ainsi va la vie politique. Comme on le voit, le dialogue avec la majorité fut riche, soutenu et plein de rebondissements.

Édouard Balladur avait également souhaité que l'ensemble des formations politiques puissent, quand le besoin s'en faisait sentir, être reçues à Matignon pour lui exposer directement le regard que leurs dirigeants portaient sur la situation.

J'assistais le Premier ministre dans ces entretiens. Chacun prit une forme particulière et m'en apprit plus sur la vie politique que je n'aurais pu le soupçonner. Je pensais, comme tout le monde, que ces entretiens allaient être de pure forme : ils l'étaient certainement pour une part, mais pas totalement.

Après avoir reçu les partis de la majorité, représentés par Valéry Giscard d'Estaing pour l'UDF et Jacques Chirac évidemment pour le RPR dans une ambiance les deux fois assez « officielle », Édouard Balladur reçut les partis de gauche et le Front national.

Michel Rocard, premier secrétaire du Parti socialiste, qui n'était pas encore tombé au champ d'honneur des élections européennes, entreprit de nous délivrer un véritable discours-programme qu'il avait soigneusement préparé pour l'occasion. Hautement pénétré de ce qu'il nous disait, il se laissa aller à son penchant pour un certain lyrisme : la scène était d'autant plus cocasse que, pour écouter cette diatribe enflammée, nous étions en tout et pour tout cinq, en comptant le Premier ministre !

Georges Marchais, pour sa part, venu de bon matin, avait tenu son rôle avec talent, sans complaisance, mais avec une certaine bonhomie. Les choses sont toujours plus simples pour les communistes (et donc avec eux) lorsque les socialistes ne sont plus au pouvoir. Au fond, ils n'aiment rien tant que le dialogue avec un gaulliste. Deux ans plus tard, ils ont même tenté de rendre cette affinité politique presque tangible en parlant d' « opposition constructive » ; leur opinion publique à eux ne les a pas suivis jusque-là. Comment les électeurs communistes d'aujourd'hui pourraient-ils comprendre ce dialogue ancien entre leurs dirigeants et les dirigeants gaullistes ?

L'entretien que le Premier ministre eut avec Jean-Marie Le Pen à deux reprises (la seconde rencontre eut lieu au lendemain des élections européennes), excita les commentaires. Comme d'habitude, le chef du gouvernement fut critiqué par ceux qui considèrent qu'on ne reçoit pas le président du Front national. La conception d'Édouard Balladur était différente : la même courtoisie pour tous, mais aucune complaisance d'aucune sorte sur aucun sujet. S'il lui paraissait légitime que le rejet de certaines thèses s'exprime avec force, avec violence même, il devait prendre garde que cette violence, même verbale, n'alimente pas en retour un climat politique favorable au développement des positions extrêmes. L'extrême droite ne s'y est pas trompée et a durement critiqué Édouard Balladur pendant la campagne, contribuant à lui soustraire les quelques milliers de voix qui allaient faire la différence.

Pour le chef du gouvernement, la partie n'est pas égale : tout est mis à son passif. Chacun des rendez-vous qu'il octroyait à un chef de parti ou, à l'occasion des européennes, à une « tête de liste », était analysé et critiqué. Ainsi, au lendemain du scrutin qui lui avait permis de recueillir sur son nom 12 pour cent de l'électorat, Philippe de Villiers refusa de se rendre à l'invitation d'Édouard Balladur au prétexte qu'il recevait également l'un de ses compétiteurs, Bernard Tapie.

Ayant décliné cette invitation, il avait estimé, sans en avertir le chef du cabinet du Premier ministre, qu'il devait néanmoins être représenté et avait délégué, pour ce faire, le numéro trois de sa liste. Arrivé au poste de gendarmerie, son mandataire se vit refuser l'accès de l'hôtel de Matignon pendant quelques minutes, et ce pour deux motifs. Il n'était pas annoncé, d'une part, et, d'autre part, prétendait être « Charles de Gaulle ». Le gendarme de service crut bien faire en signalant qu'il y avait là un imposteur ! Tout rentra vite dans l'ordre et Charles de Gaulle, nouveau député européen « villiériste », fut reçu par Alain Lamassoure.

Philippe de Villiers, fort du score « européen », estima à partir de ce moment qu'il devait être candidat à l'Élysée, contribuant ainsi à troubler le jeu au sein de la majorité. Il est vain de jouer à formuler des hypothèses mais on ne peut s'empêcher de s'interroger sur l'effet qu'eut la candidature du leader vendéen sur le résultat du premier tour des présidentielles.

La vie politique de ces deux années ne s'est pas réduite à des déjeuners et des consultations de formations politiques. Elle a été, comme toujours, multiforme et multipolaire, et même d'une complexité inconnue depuis longtemps. Plusieurs cohabitations se sont superposées avec le président de la République, avec les candidats à l'Élysée et leurs formations. Les anciennes querelles ont resurgi, d'autres sont apparues ; des clivages plus récents ont pesé moins lourds qu'on ne pouvait le croire.

A la traditionnelle césure entre le RPR et l'UDF s'est substituée peu à peu une fracture, provisoire, au sein du RPR.

L'avenir de l'Europe, qui avait partagé la France en deux moitiés presque égales, n'a, en revanche, joué à peu près aucun rôle politique explicite de 1993 à 1995. Comment l'expliquer, alors que les principaux choix que doit opérer notre pays dans les sept ans à venir sont fonction de la vision que l'on a de la construction européenne ?

Tous les candidats de 1995, ou du moins les trois premiers, à l'issue du premier tour, étaient « européens » au sens du traité de Maastricht.

Pendant ces vingt-six mois, la politique fut un jeu difficile et subtil mais qui n'était, pour le Premier ministre et ceux qui l'entouraient, que second. Je n'ai pas dit mineur.

Ces deux années ne doivent pas, en d'autres termes, se juger à leur seul résultat politique ; l'effort du gouvernement tout entier était d'abord le redressement du pays. Il a, lui, été couronné de succès.

13

Cohabitation II

Plusieurs mois avant qu'elle ne devienne une réalité politique, cette période de deux années était déjà qualifiée de « deuxième cohabitation ».

Le hasard, ou les dieux de la politique, font que, inconnue de 1958 à 1986, la cohabitation de pouvoirs d'inspiration contraire s'est produite à deux reprises entre 1986 et 1995. Avec une symétrie remarquable, François Mitterrand a commencé ses deux septennats à gauche pour les terminer à droite.

Avant lui, Valéry Giscard d'Estaing, à Verdun-sur-le-Doubs, en 1978, avait annoncé que, si le sort des urnes était défavorable à la majorité qui, quatre ans plus tôt, l'avait élu, il respecterait le choix des électeurs (c'était normal) et que la gauche pourrait donc appliquer son programme, lui ayant décidé de s'éloigner de l'exercice du pouvoir.

Édouard Balladur, en 1983, n'exerçait aucune fonction politique, il n'avait encore jamais été parlementaire, ni ministre. Il théorisa pourtant et même inventa la « cohabitation ». Il s'agissait là d'une figure politique « libre », différente de celle qu'avait imaginée, lorsqu'il était en fonction, Valéry Giscard d'Estaing.

Cette création intellectuelle avait paru suffisamment séduisante au journal *Le Monde* pour que son auteur voit sa prose publiée à la « une » du quotidien et annoncée par le journal comme étant un « point de vue » de l'ancien Secrétaire général de l'Élysée.

Édouard Balladur, après une analyse tantôt juridique, tantôt politique, estimait que les institutions de la Ve République pouvaient fonctionner malgré un désaccord politique sur les principales options, entre le Président et le Premier ministre.

Les élections de 1986 avaient, de justesse, porté au pouvoir une majorité RPR-UDF. Il revenait à Jacques Chirac de conduire cette première expérience. La volonté du président en place de se représenter en 1988 et, par la même occasion, de prendre sa revanche, est très vite devenue une évidence. Le climat politique de la période s'en est naturellement ressenti : inéluctablement, le président de la République et le Premier ministre allaient s'opposer lors de l'échéance présidentielle.

Que l'expérience ait été éprouvante pour l'ensemble de ceux qui y participèrent n'est pas moins évident. Tous les proches de François Mitterrand indiquent qu'il avait gardé de cette période, lui aussi, un très mauvais souvenir. On peut s'en étonner si l'on veut bien se rappeler qu'en 1988, il fut le vainqueur de la compétition et qu'il put ainsi, en terminant un deuxième mandat, vaincre la malédiction qui faisait que, jusqu'à lui, aucun président n'avait occupé l'Élysée pour quatorze ans.

A la fin de 1992, il devint clair pour tout le monde que, une nouvelle fois, les majorités présidentielle et parlementaire allaient diverger. En fait, la victoire de mars 1993 fut d'une ampleur inconnue dans l'histoire biséculaire de nos Républiques.

Il devenait également de plus en plus vraisemblable qu'Édouard Balladur allait être appelé à diriger cette nouvelle cohabitation, lui qui en était l'inventeur.

C'est sur les conceptions en la matière de son éventuel Premier ministre que François Mitterrand avait voulu être éclairé lorsqu'il dépêcha Hubert Védrine auprès de lui, le lundi 29 mars 1993.

Le président de la République ne gardait pas un bon souvenir du premier épisode, même si, au cours des deux années 1993-1995, l'histoire de la période 1986-1988 allait, politique oblige, être repeinte dans des couleurs plus séduisantes. Le président Mitterrand expliqua ainsi, lors d'une émission de télévision, que ses rapports avec Jacques Chirac n'avaient pas été si mauvais qu'on avait bien voulu le dire après. Oublié le refus de signer les ordonnances, l'été de 1986, oubliée la réception très médiatisée à l'Élysée des grévistes de l'hiver 1986-1987, oubliées les mille et une passes d'armes entre l'Élysée et la majorité de l'époque, oubliés les « factieux » qui tentaient de s'emparer de l'État ! L'équilibre entre les candidats éventuels aux élections de 1995 exigeait que l'on réécrivît l'histoire de cette première cohabitation. Mais, en mars 1993, rien n'était encore oublié, chacun était sur ses gardes.

Théoricien de la cohabitation, Édouard Balladur en devint bientôt un praticien de tous les instants. Sa position sur le sujet, il eut l'occasion de la préciser tout au long de son mandat à Matignon. Il y avait, selon lui, trois types de domaines. La gestion intérieure des affaires du pays qui, sur à peu près tous les plans, appartient au Premier ministre. C'est à lui qu'il revient de prendre, ou de proposer, les mesures qu'il croit bonnes en matière économique ou sociale ; c'est lui qui propose, si le besoin s'en fait sentir, la réforme du code de la nationalité ou des lois nouvelles en matière de sécurité ou d'immigration.

Le second domaine, partagé celui-là, entre le Président et le Premier ministre, recouvre presque la totalité de l'activité internationale de la France.

A aucun prix Édouard Balladur n'aurait voulu que la France donne au monde l'impression qu'elle ne parlait pas d'une seule voix. Ce sentiment était également celui de François Mitterrand.

En deux ans, nous eûmes à faire face à une activité internationale intense : GATT, Rwanda, Bosnie, Algérie, pour ne citer que les dossiers le plus souvent à l'ordre du jour. Sur aucun de ces sujets, nos partenaires étrangers n'ont pu jouer la position de l'un contre l'autre. C'eût été pourtant, dans certains cas, théoriquement possible.

Le nouveau gouvernement héritait dans l'affaire du GATT d'un accord agricole préliminaire (qualifié de pré-accord de Blair House) quasiment conclu. Il semblait au Premier ministre, ainsi qu'à sa majorité, que les termes mêmes de Blair House lésaient gravement les intérêts de l'agriculture française.

Les premiers mois de l'activité internationale du gouvernement furent donc consacrés à cette renégociation. Elle fut menée, en tout point, conformément à la méthode Balladur : expliquer nos objectifs, convaincre et persuader.

L'équipe « France » fonctionna excellemment. Elle comprenait, sous l'autorité du Premier ministre, le ministre des Affaires étrangères, Alain Juppé, le ministre du Commerce extérieur, Gérard Longuet, et le ministre de l'Agriculture, Jean Puech, qui avait eu l'audace d'accepter ce poste en toute connaissance de cause. Mais il manquait encore une cheville ouvrière à cette équipe. Ce fut Yves Thibaut de Silguy, aujourd'hui brillant commissaire européen, chargé des questions économiques et monétaires.

Sa nomination en août 1993 comme patron du SGCI [1] n'avait pas été facile ; en fait, elle fut le premier acte de la nouvelle cohabitation. Silguy avait été, en 1986, membre du cabinet de Jacques Chirac et symbolisait pour l'Élysée, en 1993, la première cohabitation. Les réticences des collaborateurs du Président nous démontrèrent, s'il en était besoin, que les souvenirs de 1986 étaient encore vivaces. Édouard Balladur insista, expliqua et obtint gain de cause : Silguy devenait non seulement son conseiller pour les affaires européennes, mais également le chef du SGCI, poste occupé sous la première cohabitation non par un proche du Premier ministre, mais par la socialiste Élisabeth Guigou.

1. Le SGCI, secrétariat général pour la coopération interministérielle, est l'organisme qui, au jour le jour, gère les relations entre les administrations françaises et les institutions européennes.

Dix-huit mois plus tard, ayant démontré avec l'affaire du GATT tout son savoir-faire, il fut, sur la proposition d'Édouard Balladur, nommé Commissaire européen. C'est d'ailleurs à la faveur de sa désignation que nous pûmes vérifier qu'aucune procédure réelle, au sein de l'exécutif français, ne décrivait les modalités de nomination des représentants de la France à la Commission européenne. A l'intérieur de nos frontières, la nomination de chaque fonctionnaire, sous-directeur, directeur ou chef de service, président d'entreprise publique, obéit à une procédure extrêmement détaillée. Mais rien, ou presque, n'est dit de la manière dont nos deux Commissaires, qui jouent pourtant de plus en plus un rôle décisif, sont nommés à Bruxelles.

Le dernier domaine qui est, lui, essentiellement du ressort du chef de l'État, bien que, selon la Constitution, le Premier ministre soit responsable de la défense nationale, recouvre l'essentiel de ce qui touche à la dissuasion. C'est à la lumière de cette grille de partage des responsabilités, qui était commune à François Mitterrand et Édouard Balladur, que l'on doit se souvenir de l'épisode des essais nucléaires.

Le Premier ministre a toujours manifesté son attachement à la politique de dissuasion, forgée par le général de Gaulle. Convaincu qu'un certain nombre d'essais restaient nécessaires pour que la France puisse définitivement s'en passer, il s'en entretint avec le Président.

Devant le refus de celui-ci de mettre fin au moratoire qu'il avait imposé aux armées en 1992, deux attitudes étaient possibles : ouvrir sur ce sujet un conflit public avec l'Élysée, conflit qu'on était sûr de perdre, le chef d'état-major des armées et les chefs des trois armées n'entendant pas procéder à des tirs en passant outre au veto du chef de l'État, ou bien mettre en place immédiatement les crédits nécessaires à la simulation en laboratoire et ceux qui permettraient, le jour venu, au nouveau président élu de prendre, en toute liberté, sa décision. Malgré les pressions de ceux qui le poussaient au conflit, c'est-à-dire qui souhaitaient une crise politique majeure, Édouard Balladur choisit, on s'en souvient, la seconde solution. L'émoi que suscita la reprise des essais en septembre 1995 prouve a posteriori que la France n'aurait pas pu traverser une telle crise dans des conditions acceptables si l'exécutif avait été divisé sur un sujet aussi grave. Il fut pourtant durement critiqué par ceux-là mêmes qui voulaient oublier que, sous une apparence courtoise, la seconde cohabitation était loin d'être le lit de roses que l'on veut bien décrire.

Une partie non négligeable de mon temps fut, pendant ces deux années, accaparée par la gestion quotidienne des rapports entre les services du Premier ministre et ceux de la présidence.

Les règles de ce jeu un peu particulier avaient été posées lors de la première réunion du gouvernement qu'Édouard Balladur tint à Matignon, la veille du premier Conseil à l'Élysée.

Les ministres, et a fortiori leurs collaborateurs, devaient s'abstenir de tout contact direct avec la présidence avant d'en avoir informé Matignon. Seuls les ministres de la Défense, des Affaires étrangères et de la Coopération avaient, de manière régulière, des entretiens avec le Président. Je devais, après avoir recueilli les propositions des ministres et l'accord du Premier ministre, présenter moi-même toutes les propositions de nominations à l'Élysée, c'est-à-dire au Secrétaire général, Hubert Védrine.

Les sujets de contact entre Matignon, rive gauche, et l'Élysée, rive droite, s'offraient à devenir autant de points de friction. La presse, les parlementaires, les observateurs se demandaient ce que serait le visage de cette nouvelle cohabitation : le souhait d'Édouard Balladur était clair : il ne voulait ni concession, ni agression.

Une ligne téléphonique directe me reliait à Hubert Védrine. Pendant deux ans, elle a été le lien physique de la « cohabitation ordinaire ». Chaque jour, ou presque, nous passions en revue les dossiers qui exigeaient qu'un accord soit dégagé. Les premières semaines, c'est avec une vigilance particulière que je préparai cette liste ; je n'ai jamais cherché à dissimuler quoi que ce soit, ni à monter contre l'Élysée je ne sais quelle machination. Très vite, j'ai eu le sentiment que, dans les grandes lignes, Védrine avait reçu du Président des instructions assez semblables à celles que j'avais d'Édouard Balladur.

En fin de compte, les choses se sont plutôt bien passées, chaque partie jouant à peu près le jeu sans duplicité excessive, me semble-t-il encore aujourd'hui.

Nous avons, en cela, été aidé par les circonstances politiques. La gauche était sortie très affaiblie des législatives et, mis à part les quelques semaines où Jacques Delors laissa planer le doute sur son hypothétique candidature, personne ne supposait qu'elle puisse, en 1995, remporter les présidentielles ; l'enjeu était ailleurs.

La cohabitation pouvait donc se poursuivre. Pour autant, nous étions, de part et d'autre, sous surveillance. Une partie de la majorité aurait été prompte à nous trouver trop conciliants, des voix au PS poussaient le Président à s'opposer plus directement au Premier ministre.

Les accords de Schengen et leur traduction en droit français ont donné lieu, pendant plusieurs semaines, à un affrontement visible entre les deux têtes de l'exécutif. Voulant réformer le droit d'asile pour rendre les frontières de la France moins perméables à l'immigration clandestine, la nouvelle majorité s'était heurtée au Conseil constitutionnel. Mais, dans une démocratie, c'est au peuple que doit revenir le dernier mot. Édouard Balladur décida donc de proposer une réforme de la Constitution qui permette à la France de s'opposer à l'entrée, sur son territoire, d'un étranger déjà refusé chez l'un de nos voisins. C'était à la fois logique, conforme à nos engagements européens et à nos intérêts. Après d'interminables discussions avec le Conseil d'État, l'affaire se régla finalement par un contact direct entre le président de la République et le Premier ministre qui rédigea lui-même l'article qui réformait la Constitution.

Pendant les quelques semaines que dura cette minicrise, le Tout-Paris politique tenta de faire son miel de cet incident. Il y avait, comme chaque fois, deux attitudes possibles : chercher le raidissement ou, au contraire remettre à sa juste place l'événement. C'est ce que fit Édouard Balladur, estimant que la situation de notre pays était suffisamment difficile pour « ne pas en rajouter ». N'ayant pas le goût de la crise pour la crise, il ne dramatise jamais : c'est sa nature, c'est elle qui inspire son comportement et sa méthode. C'est peut-être aussi cette attitude, j'allais dire cette philosophie de la vie, qui rassurait les Français. Il faut bien, en effet, chercher à comprendre pourquoi, durant les premiers mois de cette nouvelle cohabitation, alors que la situation restait critique avec un chômage en croissance rapide, la popularité d'Édouard Balladur, non seulement ne fléchissait pas, mais au contraire se renforçait. Au bout d'un an d'exercice du pouvoir, plus de 55 pour cent des Français lui faisaient confiance, score inédit sous la Ve République.

Le fait qu'il ne soit pas tout à fait issu de la classe politique y fut, je crois, pour beaucoup. Des querelles de chapelle, des vieux affrontements entre les uns et les autres, il était indemne. Pendant près de deux ans, la vie politique sortit des ornières où elle se complaisait depuis si longtemps. Très vite, malheureusement, la perspective des présidentielles nous a rattrapés avec son cortège de petits drames et de calculs sans gloire.

La cohabitation se présentait mieux que la première fois. Il fallait donc en susciter une autre, plus meurtrière, au sein de la majorité elle-même. Alors fleurirent les articles, les chroniques, puis les livres sur la déchirure inévitable du mouvement gaulliste.

Peu à peu, la vie politique réelle qui mettait face à face un président socialiste et un Premier ministre gaulliste devenait fade et de peu d'intérêt. Il fallait quelque chose de plus palpitant : une lutte fratricide !

Comme dans la tragédie antique, les acteurs devaient aller au bout de leur destin.

A l'Élysée, le sentiment se répandait que le nœud de l'action allait être « ailleurs ». Chacun s'en rendait compte.

J'ai dit mes relations avec Hubert Védrine ; elles sont peu à peu devenues plus confiantes, pour être aujourd'hui, maintenant que nos fonctions respectives ont cessé, parfaitement amicales. Quatorze années passées à l'Élysée aux côtés d'un seul président lui ont donné du monde une vision plus qu'originale, unique. Sévère sur la classe politique de gauche qu'il connaît autant qu'on peut la connaître, il reste pourtant fasciné par elle. Ayant été le témoin de toutes les manœuvres, de tous les calculs, il n'en a pas moins gardé le sentiment profond de son appartenance à un courant de pensée « de gauche ». Bien que ses perspectives politiques soient complexes à prédire, je suis persuadé qu'il jouera, à nouveau, un rôle. Il lui reste, avec d'autres, à reconstruire une pensée socialiste. Ce ne sera pas facile. Lorsqu'il fut appelé à l'Élysée en 1981, le marxisme inspirait encore le plus grand nombre de ceux qui soutenaient le Président. Et ceux qui n'étaient pas marxistes au PS se sentaient proches du socialisme autogestionnaire à la yougoslave ! Quinze ans plus tard, ce monde-là n'existe plus. Le CAC 40 et le Dow Jones ont remplacé Marx et Engels.

Pour autant, la droite a-t-elle définitivement gagné ? Rien n'est moins sûr. Comme aux socialistes, il lui reste à définir ce en quoi elle croit. Nous sortons à peine d'un affrontement présidentiel qui substitua, plus que d'ordinaire, au débat sur les idées un affrontement entre des apparences.

Les ambiguïtés d'aujourd'hui sont directement issues d'un certain vide idéologique. Le goût des Français pour le rassemblement, pour un gouvernement où Jack Lang s'occuperait de la culture, Simone Veil du social, François Léotard de la défense, Jacques Delors des affaires européennes, ne peut pas être encouragé sans risques. Pour la stabilité du pays, des alternatives doivent exister. La pensée unique ne peut recouvrir tout le champ du politique : elle a conquis ses lettres de noblesse en matière économique, mais il reste un champ pour le débat politique. La question est de savoir où passeront les clivages.

Tous les gouvernements qui se succéderont devront faire face aux mêmes problèmes. A l'intérieur, la formation de la jeunesse, le traitement des banlieues qui se gangrènent peu à peu, le maintien d'une protection sociale compatible avec une santé économique minimale sans laquelle rien n'est possible. A l'extérieur, la poursuite d'un mouvement de construction de l'Europe qui ne va plus de soi et la lisibilité (mot à la mode) du message de la France.

Les deux années de cohabitation furent, à cet égard, un laboratoire de l'avenir. Les jeunes firent entendre leur voix ; le paiement des retraites en 1993 était menacé ; le couple franco-allemand doutait de lui-même ; à Sarajevo comme à Kigali, l'opinion internationale demandait des comptes à la France.

Dans des circonstances politiques loin d'être simples, c'est, j'en suis sûr, la sérénité et la détermination du Premier ministre qui permit à notre pays de franchir sans trop d'encombres écueils et défis.

Un jour, une « cohabitation » forcément différente reviendra. Rien ne dit qu'elle sera apaisée. Il y faudra, de nouveau, beaucoup de maîtrise et beaucoup d'équilibre.

14

Mondanités républicaines

Si la répartition des compétences entre les deux chefs de l'exécutif est assez simple en matière intérieure, dès lors que les affaires deviennent internationales, tout se complique.

J'appris assez vite que le Président serait immédiatement froissé si un communiqué, issu de Matignon, contenait les mots « la France ». En pleine négociation des accords du GATT, dont la responsabilité entière reposait sur les épaules du Premier ministre, c'était là une contrainte assez pesante ! Hubert Védrine et moi inventâmes donc le « communiqué commun » auquel nous eûmes recours fréquemment. Les termes en étant agréés par les deux maisons et, d'abord, par leurs patrons, le reste n'était qu'une affaire d'harmonie horaire. A l'heure dite, à la minute près, les deux correspondants AFP de l'Élysée et de Matignon recevaient le même texte sans qu'il leur soit toujours indiqué que l'autre rive était également servie.

A défaut de parler d'une seule voix, « la France » s'exprimait en chœur.

Grâce à ce petit subterfuge qui paraîtra artificiel, personne ne put jouer l'Élysée contre Matignon durant cette période. Je crois que ce fut plutôt une force. Imagine-t-on ce qu'auraient été les sommets européens ou les rencontres bilatérales si des divergences entre le Président et le Premier ministre avaient été publiques ?

Les rencontres internationales obéissent à un calendrier des plus serrés.

Tous les six mois, les Douze se retrouvent pour un sommet, dans le pays qui, pour un semestre, exerce la présidence. Deux fois par an ou tous les ans, c'est selon, les couples se retrouvent pour évoquer l'ensemble de leurs relations bilatérales. Il faut veiller sur le couple franco-allemand, mais aussi sur le franco-britannique, le franco-italien et le franco-espagnol. Enfin, une fois l'an, le G7, qui ne sait toujours pas s'il doit être, avec la Russie, le G8, se réunit pour redire avec les mots les plus appropriés son attachement à la paix et à la prospérité.

En théorie, tout paraît limpide. En pratique il s'agit là d'exercices que la cohabitation peut transformer en pièges redoutables à chaque instant. Il faut anticiper, discuter, répartir. Prévoir les sièges à la table de négociation, à la conférence de presse, au dîner de « gala ». Pour les ministres, le Premier ministre ou le président de la République, les choses sont assez simples, mais il y a les délégations. Chaque année, la même préoccupation anime les plus hauts responsables : pour que ces rencontres soient utiles, elles doivent se tenir en cercle le plus restreint possible. Les délégations officielles sont donc peu nombreuses : en période de cohabitation, il faut tout diviser par deux et donc trancher dans le vif, tout en maintenant la parité. Il y a, heureusement, la délégation « non officielle » qui dispose, comme sa sœur aînée, de badges, mais d'une couleur différente !

Dans les couloirs, tout ce petit monde se croise et s'entrecroise, s'épie et se jalouse sous les regards d'une presse toujours plus attentive aux menus incidents qu'aux enjeux des réunions.

La longueur des entretiens entre le chancelier allemand et le Président ou le Premier ministre français faisait ainsi l'objet d'une observation méthodique. Notre partenaire allemand, très au fait des mœurs parisiennes, nous facilitait plutôt la tâche. Bien avant sa prise de fonction, Édouard Balladur avait noué avec Helmut Kohl des relations confiantes.

Le chancelier, pour sa part, avait déjà pratiqué une « cohabitation » française, et ce n'est pas solliciter sa pensée que de dire que, vue d'Allemagne, la seconde se présentait d'une manière plus détendue.

Pour autant, les sujets de discussion, voire de froissement, ne manquaient pas. Ainsi, lors du premier sommet qui se tenait à Beaune (pas Bonn !), le chancelier avait eu du mal à cacher son extrême mauvaise humeur après la publication par Jacques Attali de *Verbatim I*. En fait, l'un de ses conseillers avait été mandaté pour nous dire à quel point la publication du compte rendu de certaines conversations paraissait extravagante à notre voisin. Je crains que, à l'avenir, Helmut Kohl n'ait un regard suspicieux à l'endroit du « preneur de notes » dans ses rencontres avec les dirigeants français. La franchise, et donc l'intérêt de ces conversations, y aura perdu. C'est ainsi. Mais une relation comme celle qui unit la France à l'Allemagne ne se construit, ni ne se défait en un jour. Elle est faite de liens multiples, d'habitudes communes, de rites, même lorsqu'ils peuvent paraître vains. Contrairement à ce que l'on pourrait croire, ce n'est pas lors des séances de travail que les dossiers réellement importants sont abordés. En revanche, les petits déjeuners permettent de se dire les choses assez crûment. Entre amis.

Il y avait là le chancelier entouré de ses conseillers diplomatiques et économiques, le président français flanqué d'Hubert Védrine et, du fait de la cohabitation, Édouard Balladur, que j'accompagnais.

En France comme en Allemagne, la table était, à proprement parler, surchargée de victuailles : poissons fumés, charcuterie de nos deux pays, œufs à toutes les sauces et sous toutes leurs formes, force croissants, brioches et pains de tout poil, fruits, laitages et fromages, boissons chaudes et froides. Bref, tout. Face à cette abondance, le Premier ministre, qui avait déjà pris son frugal petit déjeuner depuis longtemps, se laissait aller à déguster la moitié d'un yaourt. Helmut Kohl et François Mitterrand, tout en exposant avec netteté et parfois une assez grande vigueur leurs positions respectives sur la Bosnie ou le Rwanda, engloutissaient systématiquement ce qui passait à leur portée. Naturellement gourmand, j'imitais leur exemple sous le regard dégoûté d'Édouard Balladur qui s'attendait, à chaque minute, à me voir exploser. Je lui répondais dans cette conversation évidemment muette en désignant du menton les augustes assiettes du chancelier et du Président. Sans résultat ! Il les observait sans plus d'indulgence.

Peu de décisions concrètes sont directement issues de ce type de réunion ; pourtant, c'est grâce à elles que naît, peu à peu, l'intimité nécessaire à un couple véritable.

Beaucoup plus formelles, les visites d'État donnent leur plein retentissement aux mondanités républicaines. Le dîner offert par le président de la République en l'honneur de son homologue étranger est le moment culminant du voyage. Selon l'importance du pays ou le charisme de celui qui le dirige, l'affluence aux agapes élyséennes est plus grande. Inutile de dire que, lorsque Bill Clinton fut reçu à l'Élysée, ou le roi d'Espagne à Matignon, le choix des invités fut particulièrement délicat.

Le brouhaha que fait une foule de gens importants (on retrouve ces soirs-là la liste plus ou moins complète du « Siècle [1] ») ressemble, à s'y méprendre, à la rumeur qui s'échappe d'un hall de gare : les invités attendent en rangs serrés le moment où ils seront présentés à l'invité de la France. Depuis la Révolution, la France a aboli les ordres ; comme elle ne s'en remet pas, chaque

1. Le Siècle est une « amicale » qui accueille, par une cooptation dont les règles sont tenues soigneusement secrètes, un mélange d'hommes politiques, de chefs d'entreprise et de hauts fonctionnaires. Son principal objet est l'organisation d'un dîner mensuel en principe obligatoire.

occasion est bonne pour séparer, selon des filtres subtils, le bon grain de l'ivraie. D'abord, il faut être invité. Non pour l'intérêt de la chose : à moins d'être Premier ministre, ancien Premier ministre ou ministre important, pas question d'être à la table du chef de l'État, pas question donc d'apprendre quoi que ce soit de nouveau. Non, l'intérêt commence véritablement le lendemain matin, au petit déjeuner : « Hier soir, au dîner népalais, etc. » Donc en être. Ensuite, en être, si possible, avec son épouse : c'est plus difficile (pour multiplier les invitations, on invite le plus souvent les messieurs seuls), c'est donc plus chic. Une fois l'invitation « en couple » obtenue, on peut être content de son sort, commencer à mettre en forme les récits du lendemain, ou bien l'on peut continuer à espérer. Espérer, c'est quitter au plus vite la salle d'attente commune (ô combien !) pour attendre l'heure du dîner dans un salon attenant beaucoup plus petit où ne se retrouve que la crème de la crème. Alors les heures passent, pas toujours inintéressantes.

Les tables ont des noms de fleurs, les femmes quelquefois de jolies robes. Un œil exercé distingue assez vite, au milieu de deux cents personnes, celui qui a été, en dernier lieu, le responsable du plan de table ; il a, auprès ou en face de lui, la plus jolie femme de la soirée, souvent actrice, quelquefois talentueuse. Le reste de l'assistance a un côté inventaire à la Prévert plus que marqué : parvient-on ainsi à représenter, à supposer qu'on le veuille, la diversité de la société française ? Ce n'est pas sûr. Mais comment faire autrement ?

Mondanités républicaines

L'engouement de l'opinion publique française et mondiale pour les aventures politico-sentimentales des personnalités en vue de la planète indique assez quelle part de rêve recèlent encore les palais, fussent-ils nationaux.

15

Crises

Les dîners à l'Élysée et à Matignon n'étaient pas, on l'aura compris, l'essentiel des activités du chef du gouvernement ou de son directeur de cabinet. Il fallait d'abord mettre en œuvre les décisions qui avaient été annoncées. Des crises allaient survenir, elles ne devaient pas nous dévier de l'objectif : faire repartir la croissance et diminuer le chômage.

Certains ont, si ce n'est le goût des crises, du moins un certain appétit pour le conflit en tant que tel.

A la faveur des événements des années 1993-1995, on a un peu rapidement estimé qu'Édouard Balladur avait été marqué par la crise de 1968 et qu'il en conservait de forts mauvais souvenirs. Pour avoir souvent évoqué ces sujets avec lui, je crois pouvoir dire que la réalité est différente. Mai 1968, pour ceux qui, comme Jacques Chirac ou lui-même, l'ont vécu du côté du pouvoir, fut une période riche d'enseignement. Une fête triste, écrit Édouard Balladur dans *L'Arbre de Mai*, une fête triste au cours de laquelle les plus solides piliers du régime furent ébranlés. L'appareil d'État ne répondait plus.

Du tout. Grâce au ciel, malgré une violence patente, Paris ne vit pas couler le sang.

En décembre 1986, des manifestations étudiantes d'une ampleur beaucoup plus limitée se soldèrent par la mort de Malik Oussekine.

La réforme pourtant votée fut retirée, un ministre, homme estimable, dut partir, la confiance dans le gouvernement, sans laquelle l'action devient difficile, s'estompa.

Sept années passèrent, le chômage des jeunes se développait rapidement, le gouvernement décida d'une mesure spécifiquement destinée à l'insertion des jeunes les moins formés. Soyons clairs : le CIP était d'abord destiné à encourager les entreprises, par une incitation financière, à embaucher « quand même » des jeunes non formés, n'ayant le plus souvent aucune expérience professionnelle, ignorant même la contrainte de se rendre chaque jour travailler à heure fixe dans une entreprise.

Au cours du débat parlementaire qui s'ensuivit, des députés réussirent à convaincre les rédacteurs des textes et, en particulier, les membres du cabinet que je dirigeais, qu'il était profondément injuste d'exclure de ce mécanisme d'insertion ceux-là mêmes qui étaient les plus méritants, c'est-à-dire les étudiants diplômés des Instituts universitaires de technologie. Plusieurs conseillers techniques eurent beau souligner le danger qu'il y avait à prendre une mesure générale, rien n'y fit, l'harmonie du dialogue avec la majorité exigeait que l'on donnât satisfaction sur ce point aux parlementaires.

Quelques semaines plus tard, le CIP fut assimilé à un « SMIC jeunes », d'abord par une dépêche d'agence, puis par des journalistes, enfin par des parlementaires de l'opposition, rapidement rejoints par certains membres de la majorité.

Ce fut un beau déchaînement contre les « jeunes technocrates » de Matignon. Incompétents, isolés, sans expérience du « terrain », ils étaient responsables de tout. Notre position était d'autant plus inconfortable que ces critiques émanaient le plus souvent de parlementaires appartenant aux groupes de la majorité. Non seulement le gouvernement devait régler la crise, mais il ne pouvait pas répondre à sa majorité. Commencèrent des journées difficiles.

Je fis la connaissance du jeune leader de l'UNEF-ID, Philippe Campinchi, qui avait fait ses premières armes en décembre 1986, contre la loi Devaquet.

Étudiant prolongé (âgé de trente ans, il n'avait que cinq ou six ans de moins que moi à l'époque, et nous nous sommes tutoyés dès le premier jour), il était à la fois extrêmement politisé et plutôt sympathique. Vivant depuis des années au milieu des complots, des motions et des contre-motions de sa propre organisation, il m'a paru à la fois très à l'aise dans son rôle et un peu démodé. Je crois d'ailleurs qu'il partageait ce sentiment : les coordinations étudiantes et lycéennes étaient bel et bien en train de lui manger la laine sur le dos !

C'est avec Nicolas Sarkozy, dont le sang-froid, l'inventivité et l'énergie paraissaient décuplés par les difficultés, que nous eûmes, à mon domicile, les premières conversations.

Je ne suis jamais parvenu à faire dire à Philippe Campinchi que le CIP était une bonne ou une mauvaise mesure. Pour lui, les jeunes s'étaient emparés de l'objet, ils allaient le consumer jusqu'au bout. Il lui fallait être du bon côté de l'incendie quand nous, nous cherchions à l'éteindre.

Le fait que cette mesure ait été décidée pour *aider* les jeunes, et pas pour autre chose, ne le concernait pas un instant. Ce qui le préoccupait, en revanche, c'était le rôle de plus en plus prééminent que jouaient les coordinations qui, par définition, échappent au contrôle de tout appareil.

A la première des visites qu'il me fit, il était accompagné d'un jeune journaliste lié au président de la République et affichant des idées très « à gauche » dans le journal qu'il dirigeait.

Un troisième larron complétait l'équipe, ce jour-là ; très « à gauche » lui aussi et même volontiers gauchiste, sans pour autant dédaigner de figurer dans des dîners mondains aux côtés de la petite-fille de feu le roi d'Italie.

Les premières minutes de ce petit déjeuner très informel furent guindées, chacun se demandant comment tenir son rôle. Je crois que, les « deux Nicolas », nous fûmes « naturels ». Au bout de deux heures, le principe d'une réunion plénière autour du Premier ministre, qui comprendrait des représentants de l'ensemble lycéen et étudiant, était retenu.

Pour sa part, Édouard Balladur devait prendre sa décision. Ces moments-là sont des moments de solitude extrême. On connaît la suite, il décida de substituer au CIP un dispositif maintenant une rémunération de 100 pour cent du SMIC, mais encourageant néanmoins les entreprises à embaucher des jeunes.

Le dispositif de substitution fut imaginé et défendu avec talent par Michel Bon, alors patron de l'ANPE. Pour le gouvernement, ce fut un échec, présenté par tous ceux qui le guettaient comme un recul.

Chaque jeudi, les manifestations devenaient plus violentes, les casseurs venus des banlieues risquaient de faire basculer dans le drame ce qui n'était qu'un mouvement de contestation.

Aucun de ceux qui défendent la « réforme » avec tant de chaleur aujourd'hui ne firent, alors, entendre leur voix. Au contraire.

Nous avons pu mesurer, presque physiquement, le degré de blocage de la société, l'irresponsabilité des « élites », mais, plus grave encore, nous avons ressenti l'inquiétude tragique de la jeunesse. La réunion qui mit fin à l'affaire se tint à Matignon : les leaders étudiants et lycéens faisaient face au Premier ministre, à ceux de ses ministres compétents pour le sujet du jour et à ses collaborateurs.

L'intervention la plus surprenante fut celle d'une jeune lycéenne, élève de terminale (pardon, aujourd'hui étudiante de terminale ; c'est ainsi que j'ai quatre enfants, l'un est étudiant en CM1, l'autre en quatrième et les deux aînés sont étudiants en seconde !) elle s'appelait, je crois, Sonia. Elle attendait avec une impatience qu'elle ne cherchait pas même à dissimuler qu'Édouard Balladur lui donne la parole. Aussitôt fait, elle harangua le Premier ministre en lui indiquant, avec la dernière énergie, qu'elle n'acceptait d'ouvrir le dialogue avec lui (*sic*) qu'à certaines conditions que j'ai oubliées, sauf qu'elles étaient inacceptables dans leur forme et sur le fond. S'étant vu répondre par Édouard Balladur, avec beaucoup de patience et infiniment de courtoisie, qu'il paraissait plus raisonnable de débattre tous ensemble, elle partit en claquant la porte pour aller, seule, et *la première*, tenir sa petite conférence de presse devant des journalistes qui buvaient ses paroles comme si elle avait réellement « existé » ! Son opération médiatico-politique était réussie. Elle est intelligente et vive, elle réussira et n'aura sûrement jamais besoin de CIP ou d'un quelconque contrat d'insertion. Les autres, tant pis ! Alors qu'elle parlait, je me revoyais élève de terminale, c'était en 1972, Pierre Messmer était Premier ministre. J'essayais de m'imaginer en train de lui poser des ultimatums ; je n'y suis pas parvenu.

La jeunesse a changé : elle garde les traits éternels de la contestation systématique, de l'enthousiasme, quelquefois de la générosité, et c'est tant mieux, mais elle est aussi plus inquiète qu'elle ne l'a été depuis longtemps. Rien n'est fait pour l'accueillir, pour l'écouter. Mais, à la décharge de ceux qui gouvernent, il faut reconnaître qu'elle ne se laisse pas aisément courtiser.

L'équipe qui entourait Édouard Balladur figure sûrement parmi les plus jeunes des dernières années : nous avons pourtant, nous aussi, rencontré les plus grandes difficultés avec la jeunesse. Comment pouvait-il en être autrement ? Le plus jeune conseiller technique, Pierre Louette, se trouvait par hasard être chargé de suivre les questions liées au ministère de la Jeunesse et des Sports. A peine plus âgé que les étudiants qui manifestaient contre la réforme de la loi Falloux ou le CIP, il avait d'ailleurs lui-même absolument l'allure d'un étudiant. Mais, ayant triomphé des études les plus exigeantes, Sciences Po, l'ENA, après avoir été plusieurs fois lauréat du concours général des lycées, il n'appartenait plus au monde de ceux qui doutent, qui s'interrogent pour savoir quel sera leur avenir, et, même s'ils en auront un.

L'irritabilité, le spontanéisme de la jeunesse ne s'expliquent pas, si l'on ne perçoit pas cette énorme inquiétude qui la mine. Encore une fois, je ne suis pas totalement naïf et je sais que les mouvements étudiants sont le plus souvent récupérés par ceux à qui ils profitent : ce fut aussi le cas en 1994.

Mais, face à cette inquiétude, nous avions choisi de négocier sans chercher à imposer. Pendant la campagne présidentielle, la « méthode » Balladur fut critiquée, moquée. Elle correspond pourtant à une façon moderne de gouverner. Elle sera imitée tôt ou tard parce qu'elle seule est comprise.

Mais, bien sûr, cela demande de la part de ceux qui sont au pouvoir un peu d'humilité et beaucoup de patience. Ce ne sont pas, jusqu'à plus ample informé, les qualités premières de ceux qui, en politique comme ailleurs, aspirent à jouer les rôles-phares. Ma conviction, c'est que le dialogue et la participation de tous, le contrat plutôt que le décret, deviendront une nécessité chaque jour plus évidente.

16

D'un banquier stupéfiant, au GIGN

Guy Sorman est aujourd'hui, pour une part de son temps, conseiller du Premier ministre Alain Juppé. A ce titre, il est, comme deux cent cinquante ou trois cents individus, membre d'un cabinet ministériel, même s'il est chargé d'une mission d'assistance plus étendue que d'autres conseillers techniques.

Il y a un an, c'était pendant la campagne présidentielle, il avait, comme il en a l'habitude depuis de nombreuses années, organisé un déjeuner-débat chez Maxim's autour de l'une des personnalités de la majorité. Interrogé sur les retards de l'Administration, sa lourdeur et ses lenteurs, bref, son incurie générale, l'orateur avait défendu avec une certaine chaleur les fonctionnaires mais s'était rattrapé, si j'ose dire, sur les membres de cabinets et, en particulier, les « directeurs » desdits cabinets, soupçonnés d'être une engeance incompétente et arrogante.

Je n'ai pas été témoin de cette scène mais elle m'a été rapportée par un témoin digne de foi dont l'époux était lui-même directeur de cabinet à cette époque. L'important n'est pas de savoir si elle est vraie. Ce qui est sûr, c'est que la question de la technocratie, des cabinets, des fonctionnaires, s'est posée lors de la dernière présidentielle avec une vigueur inconnue.

La définition d'un directeur de cabinet est assez floue. Son statut administratif est évanescent : il n'existe pas de poste budgétaire lui correspondant, ce qui explique, en passant, que seuls des fonctionnaires « mis à disposition » puissent exercer ces fonctions. Pendant ces deux années de Matignon, je suis resté conseiller référendaire de deuxième classe à la Cour des comptes, sans aucun espoir de devenir « première classe » avant de nombreuses années. J'étais pourtant appelé à recevoir les candidatures et à donner mon avis sur la nomination des présidents de Chambres, mes très anciens et respectés aînés. Ce qui pourrait être difficile à imaginer dans une autre organisation se passe à peu près naturellement : la proximité du pouvoir, presque suprême, que détient le Premier ministre, surtout en cohabitation, est tellement « irradiante » que les quelques atomes qu'en recueille le directeur de son cabinet lui permettent pleinement d'exister.

Mais, là aussi, tout est affaire d'équilibre : la discrétion est de loin préférable, elle est parfois difficile à obtenir. Je n'ai, en général, pas aimé les articles qui me furent consacrés ; certains, écrits par des gens que j'estimais, étaient animés d'intentions plutôt aimables. Pourtant, ils me mettaient en difficulté. Le directeur du cabinet du Premier ministre n'est pas, à proprement parler, un acteur politique, il n'est pas un élu (sauf Jean-Paul Huchon, déjà adjoint au maire de Conflans), il ne doit donc ni débattre, ni a fortiori polémiquer. Pour Édouard Balladur, qui avait été membre de cabinets sous le général de Gaulle et Georges Pompidou, la réserve, l'inexistence médiatique, même, des conseillers allaient de soi. Il avait raison. Le mélange des genres n'est jamais une bonne chose. On se souvient encore du trouble qu'avait provoqué au sein du gouvernement, dans l'Administration et enfin dans le pays lui-même, la présence auprès d'Édith Cresson de conseillers trop visibles et privés de légitimité politique.

La ligne de conduite que la réflexion, comme ma nature normande, peu portée à l'extériorisation, me poussaient à adopter, était rigoureusement inverse. C'est dire que la publication d'articles intitulés « Le gamin le plus puissant de France » me mettait mal à l'aise. Le contrepoint n'allait pas tarder : quand se nouèrent les fils du « drame » de la présidentielle, je fus, malgré moi, dépeint comme une « éminence grise » assoiffée de pouvoir et toujours habitée des plus noirs desseins. « Les Deux Nicolas » dépeints par Mme Ottenheimer n'ont qu'un lointain rapport avec leurs modèles : le livre se voulait d'ailleurs une brique « militante » dans le combat mené contre le Premier ministre, pas une description de la réalité.

Un autre livre fut consacré, sous couvert de s'en offusquer, aux différents ragots et rumeurs qui couraient les ruelles de Paris comme une mauvaise maladie à l'automne 1994. Je n'ai rien dit, rien fait, je n'en ai même pas parlé à mes proches, à mes enfants. Faut-il s'habituer à ce genre de procédés ? Faut-il les combattre au risque de leur donner la publicité à laquelle ils aspirent éperdument ? Je n'ai, à l'époque, pas eu le temps de me poser cette question. J'ai pu, en revanche, mesurer presque physiquement la montée de l'animosité que mes fonctions à Matignon allaient me valoir.

Préposé aux causes difficiles, le cabinet du Premier ministre n'intervient normalement que lorsque la situation est soit bloquée, soit délicate. Il me revenait ainsi de recevoir ceux à qui l'on allait, pour une raison ou pour une autre, souvent bonne me semble-t-il, retirer leurs responsabilités. Il est assez rare que les intéressés en gardent un souvenir délicieux. Mon âge relativement tendre, eu égard à mes fonctions, ne me rendait pas la tâche aisée. Lorsque éclata la crise du Crédit Lyonnais, il fallut bien mettre fin aux fonctions du président de l'entreprise publique.

Dans toute société privée, les actionnaires auraient pris infiniment moins de gants. Les événements aidant, nous fûmes conduits à procéder par étapes. Dans l'esprit du Premier ministre, le Crédit National devait échoir à Jean-Yves Haberer pour un mandat normal : à la date de ce changement, la gestion du Lyonnais requérait une solide « reprise en main », mais la réalité de l'état des lieux nous était à peu près inconnue.

La difficulté extrême que j'ai eue à convaincre M. Haberer de la nécessité de son départ indique assez clairement que le numéro un du Crédit Lyonnais ignorait le gouffre dans lequel il s'enfonçait allégrement avec sa banque. C'est avec stupeur que je repense aux propos qu'il me tint : son maintien à la présidence du Crédit Lyonnais permettait à l'État de ne pas mettre la main à la poche. Il s'y engageait ! Cet homme, dont la réputation d'intelligence n'était plus à faire, me prenait-il à ce point pour un naïf ou un imbécile ? J'éprouve encore aujourd'hui le même malaise en repensant à ces heures de conversation. Haut fonctionnaire, le président du Crédit Lyonnais l'était jusqu'au bout des ongles : inspecteur général des finances, ancien directeur du Trésor, il représentait ce que le modèle français produit de plus achevé. Je ne m'explique pas ses positions d'alors : il me parlait de son entreprise, de son avenir, de ce qu'il pouvait encore apporter, il se jugeait victime d'un complot et cherchait pied à pied à le démonter. Il voulait me convaincre de sa bonne foi, qui n'était pas en cause : le problème n'était évidemment pas là. Son départ, laborieux mais inévitable, est l'un de mes mauvais souvenirs.

Le dossier, sous tous ses aspects, n'était pas simple à gérer : pour accepter la succession et « l'héritage », Jean Peyrelevade avait, après un rapide inventaire, estimé que certains moyens lui seraient indispensables pour mener sa mission à bien. On parlait, à l'époque, de quelques milliards (moins d'une douzaine). Pour avoir conseillé au Premier ministre d'accepter l'analyse du nouveau président, je fus mis en cause par une commission d'enquête de l'Assemblée nationale. Les sommes en jeu étaient considérables, mais sans comparaison avec le « trou » gigantesque que l'on découvrit par la suite. Il n'empêche, le rapport de la commission ne fut pas modifié et, aux yeux de ceux qui le liront plus tard pour se faire l'idée la plus complète possible du dossier Lyonnais, je passerai pour incompétent, au mieux ! C'est ainsi.

Pendant ces deux années, j'ai eu au moins la satisfaction de constater une assez grande harmonie entre les membres du cabinet ; nous avons collectivement échappé aux traditionnelles rivalités et luttes d'influence qui sont la règle générale de ce cénacle d'un genre particulier. La façon dont Édouard Balladur exerçait ses fonctions y fut pour beaucoup. En le voyant à la télévision, en l'écoutant à la radio ou, pire, en s'abreuvant à la caricature que martèlent les « Guignols » ou d'autres, on se trompe sur ce qu'il est réellement. Le ton des conversations (plusieurs heures par jour pendant cinq ou six ans, cela compte) que j'ai pu avoir avec lui, était d'une réelle liberté : c'est d'ailleurs ainsi que je comprenais ma mission. Je crois ne m'être jamais censuré. Entretien après entretien (variant de quelques minutes à plusieurs heures), ce qu'attendait par-dessus tout le Premier ministre : ne pas perdre son temps. Beaucoup de ses décisions, de ses attitudes mêmes, s'expliquent par cette obsession du temps. En comité interministériel, il bouillait d'impatience à l'écoute d'exposés bavards et ses sourires d'encouragement voulaient tous dire « au fait, au fait ». Certains ne s'en apercevaient pas, je souffrais pour eux.

Lorsque éclata la crise du CIP, ou celle d'Air France, très vite il a senti qu'on « perdait son temps » à essayer de convaincre ; c'était, dans les conditions d'alors, ingagnable. Aussi fit-il retraite dans l'ordre, insensible aux critiques et aux brocards, pour qu'à tout le moins la France, elle, ne perde pas trop de temps.

Lors de la prise d'otages de l'Airbus, à Noël 1994, cette volonté de bien remplir son emploi du temps me sidéra littéralement.

Depuis le début de la crise, ni Matignon, ni le Premier ministre, ni moi n'avions beaucoup dormi ; tout le monde vivait dans la hantise d'un dénouement tragique. Depuis six heures, le lundi matin 26 décembre 1995, l'assaut des commandos du GIGN sur l'aéroport de Marseille pouvait être lancé à tout moment jugé favorable et, en tout cas, impérativement au premier coup de feu des terroristes. Cette décision, Édouard Balladur l'avait prise la veille au soir, après une conversation véhémente avec le président Zéroual, au cours de laquelle il avait exigé et obtenu le retour en France de l'Airbus. Le bureau du Premier ministre et le mien communiquaient largement, la double porte battante qui les séparait étant maintenue ouverte. N'ayant pas voulu de télévision dans son bureau (pour des raisons multiples où le souci de son indépendance d'esprit l'emportait sur les préoccupations d'esthétique), il allait et venait dans le mien où la chaîne LCI était branchée en permanence. Nous attendions l'assaut. Dans le courant de l'après-midi, soit que son impatience ait été trop longtemps contenue, soit que mon attitude lui eût paru inutilement exaltée, Édouard Balladur s'en fut dans son bureau corriger un entretien qu'il donnait à la *Revue des Beaux-Arts !* Il revint alors que l'assaut commençait. Il n'y avait d'autres témoins de ce flegme volontaire que Nicolas Sarkozy et moi : il devait donc répondre à une véritable nécessité. Cela allait naturellement au-delà du souci de ne pas gaspiller son temps devant un écran. C'était avant tout, une manière d'essayer de rester libre malgré les événements, malgré l'angoisse.

J'ai eu souvent l'occasion de lui dire que l'engagement politique qui était le sien signifiait, par définition, une aliénation de sa liberté. Il en était d'accord mais semblait le regretter. De la même manière, j'ai eu le sentiment de perdre peu à peu toute marge de manœuvre, toute existence autonome pendant ces deux années : rien ne devait échapper à l'ogre Matignon.

En corrigeant son article alors que le GIGN allait lancer l'assaut, le Premier ministre voulait signifier qu'il lui restait un espace de liberté, que l'actualité, si brûlante soit-elle, ne pouvait pas tout recouvrir. Je ne sais aujourd'hui s'il parvenait réellement à créer cette distance entre l'événement et lui. C'est en tout cas l'impression qu'il donnait.

Ne pas subir la pression de l'actualité, telle était la volonté sans cesse affichée. « J'aime bien réfléchir aux choses à l'avance », a-t-il coutume de répéter. Pour le directeur de son cabinet, chaque rendez-vous, chaque réunion interministérielle devaient être préparés à l'avance et faire l'objet d'une courte note déposée sur son bureau au plus tard la veille au soir, pour qu'entre 7 h 45 et neuf heures le lendemain, il puisse travailler et préparer sa journée. A partir de neuf heures, il ne lisait plus aucune note.

Comme pour un sportif, cette heure du matin, toujours laissée libre sur son emploi du temps, servait au Premier ministre d'échauffement. Lorsque la pitance était insuffisante, il se plaignait de n'avoir rien à faire, il terminait son travail avant les premiers rendez-vous et venait prendre un café avec moi dans la petite salle à manger bleue et blanche où je recevais mes invités. Rituellement, il posait, surtout si mon invité du jour se trouvait être un journaliste, la même question : « Alors, que raconte-t-on ? »

S'en étonnaient ceux qui, au contraire, venaient à Matignon chercher telle ou telle révélation directement issue du « pouvoir ». J'avais, pour ma part, connaissant le peu de goût d'Édouard Balladur pour les « petites phrases » », demandé à l'ensemble de mes collaborateurs de parler le moins possible : nous étions là pour faire, pas pour dire.

A sa façon très personnelle, de 1993 à 1995, le Premier ministre a lutté contre la technocratie. Même s'il ne m'a jamais présenté les choses de cette façon, il a le sentiment que les cabinets ministériels n'existent pas, ou plutôt, n'ont de fonction que technique. Déjà, en 1986, alors que le directeur de cabinet de l'un de ses ministres délégués prenait un peu trop souvent la parole en réunion, il l'avait instamment prié de laisser son ministre s'exprimer à sa place.

Lorsque, en janvier 1995, Renaud Denoix de Saint-Marc, Secrétaire général du gouvernement, avait, lors de la cérémonie traditionnelle des vœux, vanté le nombre des réunions interministérielles tenues à Matignon (plus d'un millier) pour préparer les comités de ministres, Édouard Balladur avait soupçonné derrière ce chiffre considérable beaucoup de complications et d'agitation inutile.

Il veillait très attentivement à ce qu'aucune décision de quelque importance ne soit prise sans lui. Toute la difficulté était de faire le tri.

La hausse du prix du ticket de métro se fait après accord de plusieurs ministres, celui des Transports et du Budget notamment. L'arbitrage du Premier ministre est sollicité en cas de désaccord entre les départements. En 1994, cet accord se fit spontanément, et le conseiller en charge du secteur des transports entérina la décision sans autre forme de procès. Constatant qu'il n'avait pas été consulté personnellement, Édouard Balladur m'en fit le reproche et demanda que la décision fût suspendue jusqu'à ce que l'on puisse organiser, sous sa présidence, un comité de ministres. A sa manière il est lui aussi attaché à la suprématie du politique sur le technocrate !

Au gré des vents politiques, au fil des élections, les cabinets ministériels reviennent sur la sellette. A tort et à raison. A tort parce qu'on ne peut les juger seuls : ils sont un instrument, et seulement un instrument, entre les mains de ceux qui exercent les responsabilités politiques. A raison, cependant, parce que le pouvoir qu'on leur prête et l'usage qui en est fait sont souvent déraisonnables.

Pour présenter son entreprise ou sa stratégie, le président d'une entreprise publique doit se livrer à un véritable parcours d'obstacles. Plusieurs d'entre eux ont exercé le métier de directeur de cabinet à Matignon ou ailleurs. C'est le cas de Louis Schweitzer, président de la Régie Renault, ou de Louis Gallois pour l'Aérospatiale. Je les ai toujours reçus avec plaisir, d'abord parce qu'ils parlaient bien de leur entreprise ; mais je ne pouvais m'empêcher de penser, qu'avant moi, ils s'étaient rendus au ministère de l'Économie rencontrer le ministre au moins une fois, son directeur de cabinet plus souvent, au ministère du Budget, au ministère de l'Industrie, au ministère de la Défense, à Matignon pour visiter Anne Le Lorier et Patrick Suet. Ils devaient expliquer et réexpliquer, chercher à convaincre. Pour peu que survienne un changement de ministre, ou pire, de gouvernement, c'est avec la même patience qu'ils doivent chaque fois, sur le métier, remettre leur ouvrage. Beaucoup connaissent le système de l'intérieur, visiblement rodés à supporter la multiplicité de ces démarches.

Exerçant aujourd'hui des fonctions dans le secteur privé, il m'est arrivé, à mon tour, de venir à Matignon présenter un dossier. Cela se passe en général chez le directeur adjoint du cabinet d'Alain Juppé. Jean de Courcel a hérité du bureau qui, vingt-cinq mois durant, fut le mien. En parlant, je caresse des yeux les courbes du *Fugit amor* de Rodin et le torse juvénile des Vénus qui soutiennent le meuble sur lequel, après tant d'autres, il travaille. Mes suggestions, mes propositions, mes préoccupations occupent une demi-heure de son temps, mais je sais aussi que ses soucis à lui sont d'un autre ordre, plus global. Pourtant, il joue le jeu, promet d'étudier, fait analyser mon affaire. Nous sommes chacun dans notre rôle. Seul un détail a changé : assis de l'autre côté du bureau, je ne vois plus la pièce sous le même angle. A quelque chose malheur est bon !

17

La presse

Je me suis souvent demandé comment les journalistes politiques pouvaient inlassablement se passionner pour les petites et grandes intrigues parisiennes.

Lorsqu'un gouvernement se forme, c'est pour son chef, pour les siens, pour tous ceux qui sont dans sa mouvance l'aboutissement d'une longue histoire, le début d'autre chose aussi. Pour la presse, ce n'est qu'un épisode de plus, pas forcément différent des précédents. Les spécialistes, ceux qui écrivent billets et lettres, fausses confidences et vrais échos, parviennent pourtant à s'intéresser à cette nouvelle distribution. Ils doivent certes informer leurs lecteurs, mais je suis sûr que c'est aussi leur curiosité, leur vocation qui les poussent. Les équipes politiques montent et descendent du manège de chevaux de bois, les journalistes, eux, ne descendent jamais.

Ils sont devenus, pour ceux qui gouvernent à leur tour, le miroir qui renvoie à l'infini l'image de ce qu'ils cherchent à être et à faire.

De 1993 à 1995, il n'y a pas eu à Matignon de conseiller en communication ; personne n'a été investi de cette fonction, pour deux raisons. La première c'est qu'à tort ou pas Édouard Balladur croyait inutile de construire une image nécessairement artificielle ; la seconde, c'est qu'il n'aurait pas volontiers accepté de se prêter au jeu : si l'on recrute un conseiller en « image » ou en communication, c'est pour suivre ses avis. Il ne l'aurait pas fait.

En revanche, nous nous sommes efforcés d'expliquer la politique mise en œuvre par le gouvernement. A ce titre, la presse était un interlocuteur évidemment privilégié. Il n'y a plus aujourd'hui de bonne politique ou de bonne mesure « en soi ». Il faut chercher inlassablement à convaincre. La tâche n'est pas commode, tant le scepticisme est à la mode. Valérie Bernis qui dirigeait le service de presse a veillé pendant deux ans à l'organisation de cet échange entre les journalistes et Matignon. Ce ne fut pas une mince affaire.

Personne ne doit être oublié : éditorialistes, presse écrite quotidienne, hebdomadaire, régionale, radio, télévision, agences françaises et étrangères, accrédités à Matignon. Il y a là un vivier d'une belle diversité qui n'est pas facile à satisfaire, encore moins à convaincre.

Les jours où devaient se tenir un séminaire gouvernemental ou un comité de ministres particulièrement important, nous avions toutes les peines du monde à retenir l'information jusqu'à la fin de la réunion. Tout le monde parle à tout le monde et ce ne sont pas toujours les mieux informés qui s'expriment le plus. Il faut une discipline de fer pour que l'impression de désordre ne se répande pas : tous les gouvernements en ont fait l'expérience à leurs dépens.

L'idéal serait, sur chaque sujet, que l'ensemble de ceux qui participent, de près ou de loin, à l'appareil d'État parlent un même langage, selon une expression en vigueur au Quai d'Orsay. Évidemment, c'est un peu frustrant pour la presse et, heureusement pour elle, une telle orthodoxie est impossible. Là encore, pour rester balladurien de stricte obédience, on pourrait dire que tout est affaire d'équilibre.

Ce qui est certain c'est que, par vocation, la presse amplifie et peut aller, dans certains cas, jusqu'à créer l'événement. Une phrase de Simone Veil sur une mesure proposée par Charles Pasqua, reprise par une dépêche « flash », suffit pour quelques heures à enflammer les rédactions : les plus rapides parlent au bout de deux heures de crise gouvernementale. Il faut alors patiemment renouer les fils, recevoir l'une, puis l'autre, puis les deux, le tout presque devant la presse pour que l'incident soit clos, pour que l'histoire, le récit, soient achevés. Le sujet de fond, lui, n'intéresse naturellement personne.

La presse peut elle-même être l'instrument de l'histoire politique, devenir un véritable acteur du jeu.

En septembre 1994, le directeur du *Figaro*, Franz-Olivier Giesbert, avait demandé au Premier ministre d'accorder un entretien consacré à la politique étrangère. Jusque-là, rien de plus normal. Normal, mais dangereux en cohabitation. Édouard Balladur en était conscient et, dans la rédaction de ses réponses, il avait été particulièrement attentif à ce que rien ne puisse laisser penser qu'il cherchait à occuper, seul, un domaine relevant aussi du président de la République. Il ne faisait là que poursuivre ce qui avait été, pendant deux ans, sa ligne de conduite en la matière.

Sans le prévenir, sans me prévenir, *Le Figaro* titra l'article : « Édouard Balladur : ma politique étrangère. » Le président de la République en conçut une amertume très vive qui s'exprima immédiatement et, comme par hasard, dans les colonnes... du *Figaro* à qui il accorda un grand entretien. Après avoir frotté l'allumette, le quotidien fournissait en plus le combustible.

Nous avions été naïfs ! Nous le fûmes une seconde fois. Toujours avec *Le Figaro*.

Georges Suffert était une relation ancienne du Premier ministre. J'avais fait sa connaissance plusieurs années auparavant à l'occasion d'un voyage au Brésil au cours duquel Édouard Balladur fut reçu par le président Collor. Agréable, cultivé et sachant raconter les histoires, Suffert est incontestablement une des « signatures » du *Figaro*. Depuis longtemps déjà, il voulait bavarder avec l'hôte de Matignon pour tracer son portrait (un de plus), dans la perspective des présidentielles qui se rapprochaient. L'entretien devait être « informel » et à bâtons rompus, il n'était évidemment pas question d' « entretien ». Contrairement aux usages anglo-saxons, les « entretiens » sont, en France, toujours revus et corrigés par ceux qui les accordent. Cette règle ne souffre pas d'exception. Le rendez-vous s'était bien passé, Georges Suffert préférant ne pas prendre de notes enregistrait la conversation pour dicter plus commodément son article de retour au journal. Plusieurs jours se passèrent et nous n'entendîmes plus parler de rien. C'est donc avec un certain effarement que je reçus un dimanche soir, chez moi, une dépêche AFP que m'envoyait le service de presse de Matignon : « Dans un entretien accordé au journal *Le Figaro*, Édouard Balladur déclare : “ Jacques est enfermé dans le RPR comme dans une citadelle. ” » La campagne n'était pas commencée, on cherchait à présenter Édouard Balladur comme un agresseur. Le mal était fait. Pour qu'il n'y ait pas d'ambiguïté, la photo accompagnant le prétendu « portrait-entretien » était centré sur le magnétophone de Georges Suffert !

Il faudrait parfois pouvoir se passer de la presse. Dans notre démocratie, ce n'est plus possible. Une poignée de journalistes, quelques dizaines, font jour après jour l'opinion du Paris médias, le microcosme cher à un ancien Premier ministre. Cette opinion-là forge celle des journalistes de télévision qui, à treize heures et à vingt heures sur TF1, France 2 et France 3 font, à leur tour, l'opinion des Français.

Une manifestation qui dégénère pendant une demi-heure sur un boulevard parisien en affrontement entre CRS et casseurs, c'est la violence qui fait irruption à la table familiale le soir, à l'heure du dîner. Les Américains ont si bien pris en compte cette donnée-là que les voyages des présidents américains en Europe doivent, malgré le décalage horaire, respecter les programmes de télévision d'outre-Atlantique ! Nous n'en sommes pas encore là, mais nous y arrivons. C'est devenu un truisme de dire l'importance que prend, dans nos vies, la télévision : c'est encore plus vrai en politique.

Je réunissais mes collaborateurs un soir sur deux à vingt heures ; il nous arrivait fréquemment de commencer la réunion en regardant, non pas le JT, mais Les Guignols de l'Info. Souvent le Premier ministre faisait irruption dans mon bureau, pour tomber sur une partie de son cabinet s'esclaffant devant sa marionnette, celle de Jacques Chirac ou de l'un de ses ministres. Rituellement, il me demandait si nous trouvions la séquence tellement amusante. Nous ne pouvions qu'acquiescer ! J'allais dire qu'en ce qui nous concernait, ce n'était pas une mauvaise chose : même cruelle, même injuste, cette vision de la politique française s'impose peu à peu aux téléspectateurs. Inconsciemment, les Français se forgent de leur classe politique une image un peu particulière ! Je me souviens d'avoir été frappé par la succession de la fausse interview du faux Chirac par le faux M. d'Arvor sur Canal+, et de son double en direct sur TF1.

Même décor, questions presque semblables. Il y a de quoi faire vaciller la foi en la politique de ceux-là mêmes qui ont la fibre la plus militante !

Qui croire, de la marionnette ou de son modèle ? Nicolas Sarkozy me raconte que, lorsqu'il visite une école, les enfants l'apostrophent : « Tiens, le monsieur des Guignols. » Demain, ce sera leurs parents ! Pourtant nous prenons tous plaisir à cette dérision. Dans un pays profondément marqué par la monarchie, même républicaine, elle est un contrepoids salutaire, mais ne rend pas les choses faciles. C'est sûr, nous regardons trop la télévision !

Elle est donc devenue, *volens, nolens,* un des éléments de la vie politique. Qui peut penser que le bureau politique, la réunion d'un congrès même extraordinaire, un Conseil national ou des assises ont plus d'impact qu'un 7/7, une Heure de vérité, ou un Face à la rédaction réussis ?

Chacune de ces émissions, je les ai préparées avec Édouard Balladur de la même manière, selon une technique qu'il qualifie de l'entonnoir. Selon l'actualité, il prépare ou fait préparer toute une série de fiches et de dossiers sur les sujets ou les projets susceptibles d'être abordés. Il discute et passe de nouvelles commandes pour préciser ou compléter ce qui lui paraît insuffisant. Il a en horreur de trouver deux chiffres différents sur le même sujet, étant au plus haut point épris de simplicité et de clarté. Une fois ce balayage effectué, il rédige de son écriture serrée et régulière un plus petit nombre de fiches qui iront en se réduisant jusqu'à tenir sur une demi-feuille : là sont les messages qu'il veut passer, les points sur lesquels il entend s'expliquer. En huit années de collaboration avec lui, je ne l'ai jamais vu, au cours d'une émission, se servir de cette fiche ; il n'empêche, c'est cette méthode de l'« entonnoir » qui lui permet de se sentir prêt. Il n'éprouve, j'en jurerais, aucune appréhension, aucun trac face à la caméra, et il m'arrivait, il y a des années, de le trouver trop « détendu ». J'ai vite compris que cette décontraction n'était qu'apparente. J'ai aussi pu observer qu'il n'était jamais plus convaincant et « dans le sujet » que, lorsqu'un événement extérieur à l'émission le faisait sortir de ses gonds juste avant l'émission.

Invité par France 2 à répondre aux questions d'Alain Duhamel et d'Arlette Chabot, il avait découvert que l'ex-capitaine Barril, qui prétendait de manière totalement incongrue avoir été chargé d'une mission imaginaire au Rwanda, était, quelques minutes avant lui, l'invité du journal de la chaîne.

L'atmosphère au maquillage était tellement électrique qu'on aurait entendu une mouche voler. Il commença l'émission l'œil noir et la termina sur une formule qui fit mouche. Interrogé sur le point de savoir si, comme le disaient certains, il était impossible de réfléchir à Matignon, il répondit du tac au tac : « Il ne faut pas généraliser », avec, comme de coutume, l'air de ne pas y toucher.

Pendant près de deux ans, il nous a semblé avoir avec la presse des rapports « dédramatisés » ; ce n'était qu'apparence.

Dans les premiers mois de 1995, nous avons pu mesurer ce que pouvait être une campagne de presse. Ceux-là mêmes que nous prenions, non pour des supporters, à tout le moins pour des amis, crurent souvent de leur devoir d'y participer. J'y reviendrai plus loin.

J'ai vécu cette époque sans surprise. Édouard Balladur a l'habitude de me dire que je suis plus « vieux » que lui, en tout cas plus blasé. Pour être déçu par quelqu'un, il faut avoir beaucoup attendu ; ce n'est que rarement mon cas. Et pourtant, je mentirais si je disais que je n'ai pas pris de plaisir pendant ces deux ans à essayer d'expliquer, de convaincre.

Je commençais fréquemment mes journées par un petit déjeuner avec des journalistes.

Je pouvais mesurer leur état d'esprit et donc notre « cote » d'un coup d'œil : suaves, amicaux, notre cause n'allait pas trop mal. Goguenards, ironiques, étonnés de nous voir toujours deux bras et deux jambes – les choses étaient plus délicates. Il fallait encore et encore expliquer, raconter comment tout pouvait s'arranger, dire et redire que le Premier ministre n'était pas candidat et que son action ne devait pas se lire à l'aune d'une éventuelle candidature à l'Élysée.

J'ai aimé ces joutes oratoires où le pire défaut n'était pas de « retenir » une information, mais d'être ennuyeux. Aucun journaliste ne peut ni ne veut croire que vous lui dites la vérité ; ils veulent seulement vous écouter présenter votre petite affaire. A la longue, c'est épuisant de vanité.

Je me suis pourtant fait des amis ; aujourd'hui, c'est auprès d'autres qu'ils vont glaner des informations et traquer la langue de bois. Pendant des années, il m'aurait paru indécent de ne pas lire *Le Monde* jour après jour ; aujourd'hui je le fais toujours, j'y trouve le même plaisir, mais je sais que si je manque une livraison, il ne se passera rien. Avant, je n'en étais pas complètement sûr.

18

Noir et Blanc

Les mois ont passé, les impressions que je garde de cette période ont aujourd'hui tendance à se fondre. Activité intense, sonneries des téléphones : la ligne du Premier ministre, celle d'Hubert Védrine, celle de Patrick Suet et de Pierre Mongin, l'interministériel et le Régis (qui a changé de nom aujourd'hui pour porter celui, plus inspiré, de Rimbaud). Presque impossible de franchir la porte de mon bureau, même discrètement, sans déclencher la sonnerie d'un de ces appareils sournois. J'étais volontaire, bien sûr, et j'ai donc aimé cette vie, mais dire qu'elle est aliénante relève d'un doux euphémisme. Pendant des mois, j'ai rêvé d'aller m'acheter une paire de chaussettes par un après-midi ordinaire, pour deux raisons. La première c'est qu'il m'en manquait, la seconde c'est que j'ai toujours aimé cette liberté d'organiser mon temps que me donnait ma vie de magistrat de la Cour des comptes. A Matignon, j'étais rivé à mon banc sans permission de sortie, ou alors à des heures où trouver des chaussettes à Paris relève du pur fantasme. C'est à cette époque que j'ai pris goût aux nocturnes du Virgin Mégastore : bariolée, jeune, bruyante, c'est la vie presque normale que je retrouvais alors. J'ai pu découvrir quelques images muettes de *L'Arme fatale*. A côté de ce que nous vivions à Matignon, il me semblait s'agir d'un remake de la comtesse de Ségur !

La situation dont héritait le gouvernement Balladur était loin, en effet, d'être alléchante : récession, chômage, agriculteurs sur le point de prendre les fourches et, deux ans après, une élection présidentielle, histoire de calmer les esprits.

Que nous connaissions la réussite, des succès ou des échecs, notre mandat était de deux ans, ni plus ni moins.

Dans cette période, tout a fini par se confondre pour se résumer à une campagne présidentielle qui servirait de test de réussite : nous avons pourtant pu constater collectivement que la compétition élyséenne s'est jouée sur un autre registre.

L'impression que nous avions à Matignon était autre : il fallait à tout prix atteindre le seul objectif qu'ait publiquement fixé le Premier ministre. Il se refuse généralement aux promesses, par respect des citoyens-électeurs, par retenue et aussi par honnêteté. Cette fois, néanmoins, il s'était engagé publiquement à interrompre la croissance du chômage. Mois après mois, la statistique tombe comme un couperet. En général, Patrick Suet était informé le premier par le ministre du Travail, Michel Giraud. Il me prévenait alors et il me revenait de passer l'information à Édouard Balladur, qui restait impassible. Que le chiffre soit bon ou mauvais, il ne faisait, le plus souvent, aucun commentaire. Les chiffres du chômage sont un peu devenus la « note », le jugement des gouvernants. Après quelques mois, chaque responsable ressent pleinement l'impact de ce chiffre qui n'a cessé de se dégrader depuis vingt ans. Un taux de croissance n'a qu'une valeur globale, théorique, les chômeurs en plus ou en moins ont beau être « corrigés des variations saisonnières », ce sont des hommes ou des femmes qui sont frappés par la détresse. Chaque mois, surtout s'il était mauvais, je me faisais une réflexion idiote. Nous étions là, quelques dizaines à Matignon à travailler plus de deux fois la durée moyenne normale, et à nos portes, le travail était en train de devenir une denrée rare. Pour mieux comprendre ce phénomène pernicieux, il nous fallait... travailler encore et encore.

Mais après avoir ralenti, le chômage se stabilisa puis la courbe, enfin, s'inversa. Ce furent, de loin, les instants les plus agréables, le sentiment que les choses reprenaient une marche plus normale. Il y eut des rechutes, peu nombreuses, et de peu d'ampleur : elles furent stigmatisées par une partie de la majorité avec une sévérité qu'à l'époque nous trouvions bien un peu « intéressée » mais qui me paraît aujourd'hui surtout imprudente. Pourquoi ne pas le dire ? Édouard Balladur était guetté avec d'autant plus d'inquiétude que la politique suivie semblait réussir. La diminution du chômage ne fut obtenue que parce que la politique économique « marchait ».

L'emprunt « Balladur », voulu par le Premier ministre, contre le sentiment premier de l'administration des Finances, fut un succès. Son lancement fut assuré par une campagne de publicité centrée sur le sourire d'une très jeune fille choisie par l'agence de communication Alice.

Placardée sur tous les murs de France, diffusée à la télévision, dans les cinémas, elle disait sa confiance en l'avenir de la France.

Quelques semaines après le succès de l'emprunt, se détachant de l'affiche, ladite jeune fille vint à Matignon rencontrer le Premier ministre. Longuement photographiés, ils se promenèrent dans le parc de Matignon. Elle dit sa joie d'avoir connu, lycéenne de dix-huit ans, cette expérience assez inattendue, elle dit encore son émerveillement devant la splendeur de Matignon ; le Premier ministre, toujours urbain, lui fit ses remerciements. Il avait raison. Après tout, c'était aussi son sourire, ses cheveux bouclés, ses fossettes et ses taches de rousseur qui avaient fait de cet emprunt le plus grand succès financier de l'histoire française contemporaine. Il avait, bien sûr, fallu que Jean-Claude Trichet et toute sa direction du Trésor y mettent du leur ; il avait fallu que les banquiers « chefs de file » placent l'emprunt, il avait fallu, surtout, que les Français accordent leur confiance à un homme. Mais le sourire de cette enfant n'y était pas pour rien.

Valait-il mieux invoquer l'urgence, le péril national, l'ennemi (mais lequel ?) à nos portes, dramatiser ou essayer de convaincre ? Il me semble qu'en affichant la sérénité, nous avons fait le bon choix.

Tout au long de ces deux années, j'ai mesuré quotidiennement à quel point la chance était un élément essentiel de l'art de gouverner.

Un déséquilibré prend en otage toute une classe d'enfants de maternelle à Neuilly : les décisions arrêtées peuvent être les bonnes, elles restent suspendues à la moindre saute d'humeur du destin.

C'est le jeudi en fin de matinée que nous avons appris à Matignon qu'à Neuilly « H.B. », Human Bomb, retenait des enfants de cinq ans en otage. Acte incompréhensible, inédit dans notre pays. Très vite la réalité du péril est devenue évidente. Nicolas Sarkozy se rend dans sa ville, dans cette école et, à plusieurs reprises dans la classe.

Chaque fois, au prix de tractations d'autant plus difficiles que les heures passent, il ressort avec des enfants, mais aussi avec la certitude que le forcené pourrait mettre ses menaces à exécution. Le soir, un dîner est donné à Matignon en l'honneur du Premier ministre canadien, M. Mulroney. Les candélabres brillent de tous leurs feux, les invités d'autant plus heureux d'être là que la faible capacité de la salle à manger (une quarantaine de convives au maximum) a contraint le Premier ministe à des invitations sélectives. Diamants et tissus précieux s'accordent à rendre les femmes plus belles : bref, l'heure est au faste dû à un chef de gouvernement étranger. Pendant ce temps, d'un bout de la table, je surveille le Premier ministre, il me semble que je sais à quoi il pense : aux enfants retenus, à son ministre du Budget au cœur des négociations, au ministre de l'Intérieur qui doit assurer la sécurité des personnes. Pourtant personne ne s'aperçoit de rien, son discours est brillant et enjoué ; enfin, il est près de minuit, nos hôtes nous quittent : Édouard Balladur appelle Charles Pasqua qu'il sent plus que tendu, inquiet. Il lui propose de se rendre place Beauvau. Le ministre de l'Intérieur accepte, probablement surpris, mais aussi sûrement soulagé. C'est là que les instructions détaillées seront mises au point : le seul objectif est, bien entendu, de faire tout ce qui est humainement possible pour protéger les enfants. Les exigences du ravisseur deviennent exorbitantes : il veut de l'argent, beaucoup d'argent, quarante millions de francs répartis en plusieurs devises. Il est une heure du matin et lorsqu'on me précise la somme, j'éprouve un vrai moment de doute : dans quel esprit dérangé un tel chiffre peut-il germer ? Où trouver, la nuit, quarante millions de francs ? En tout cas, pas à Matignon. Après quelques minutes, un scénario est mis au point : la Banque de France consentira un prêt à l'État, mais pour une somme très inférieure.

J'appelle Hervé Hannoun, sous-gouverneur de la Banque de France et qui fut mon prédécesseur du temps de Pierre Bérégovoy. Ensemble nous découvrons que sortir mille francs de la Banque en pleine nuit n'est pas chose aisée ! Il faut réveiller des agents chez eux, reconstituer les codes, trouver les passes, les clefs, les combinaisons, attendre que les systèmes de sécurité se désarment d'eux-mêmes : c'est long, très long. Au bout de plusieurs heures, Pierre Mongin parviendra enfin à emporter une partie de la rançon qu'il « emprunte » (sans montrer la moindre pièce d'identité) à la Banque de France. C'est lui qui veillera personnellement, quarante-huit heures plus tard, à la restitution. Je crois qu'il n'a pas dormi tant que son emprunt n'a pas été remboursé.

Ce soir-là, tout s'est bien passé : le Premier ministre, le ministre de l'Intérieur, le maire de Neuilly, la Banque de France, les agents du RAID, ont constitué une chaîne hétéroclite et inattendue, mais qui a fonctionné. A tout moment, on pouvait basculer dans l'horreur : il n'y aurait alors eu qu'un responsable devant l'opinion, le Premier ministre. Présent place Beauvau pendant la nuit, il entendait partager les soucis de son ministre, ne pas le laisser seul. Je ne sais si c'est normal. Mais c'est aussi dans cet état d'esprit de concentration de la responsabilité que nous avons vécu ces deux jours de tous les dangers.

Que les accords du GATT aient été rompus ou, pire, aient été conclus au détriment de la France, Édouard Balladur était responsable. Le Conseil constitutionnel déclara irrecevable l'une des dispositions de la réforme de la loi Falloux, elle devint, de ce fait, nulle et non avenue. On nous l'imputa comme un recul.

Après qu'il eut été décidé et voté par la majorité la plus puissante de notre histoire républicaine, le CIP ne fut défendu par personne. Au contraire, on nous pressa de toutes parts de l'abandonner. Lorsque enfin il fallut s'y résoudre, c'est le nouveau recul du gouvernement qui fut vilipendé.

Faut-il s'habituer à ce genre d'« injustice » et d'irrationnalité ? Quelle magie y a-t-il dans l'exercice du pouvoir qui fasse accepter tout cela ? Je ne suis pas sûr que l'on mesure toujours la somme d'« inconvénients » qu'il emporte avec lui ! Qu'on se méprenne pas : presque tous les hommes que j'ai pu côtoyer dans ces fonctions les aimaient profondément et bien peu les quittent volontairement.

Mais tout de même ! En deux ans, je n'ai pas été trois fois au cinéma, les quelques jours de vacances que j'ai pris m'ont surtout permis d'entretenir des rapports plus qu'étroits avec mon téléphone portable, et mes enfants ont grandi de deux ans sans me prévenir !

Seulement voilà, si aujourd'hui des écoliers sont pris en otages, si le franc est attaqué, si des négociations internationales achoppent, je l'apprendrai le lendemain dans *Le Monde* et je suis tout à fait sûr que personne ne pensera à me demander mon avis. Là encore, c'est normal, mais ce n'est pas agréable. Rien de tel que d'avoir été un tout petit peu « sujet » et de ne l'être plus, pour se sentir objet. Au fond, ce doit être salutaire.

19

Vers la présidentielle

Édouard Balladur avait indiqué avec toute la solennité nécessaire qu'il n'accepterait pas que ses deux années de Premier ministre soient empoisonnées par des querelles d'écuries présidentielles au sein même de son gouvernement. Il n'aime pas qu'on se dispute autour de lui, même pour lui. Malgré quelques anicroches, il a, sur ce point, été plutôt entendu. C'était l'essentiel aussi parce que l'état de santé du Président était ce qu'il était et ce que nous en savions. Le Premier ministre exigeait que les enjeux présidentiels ne soient abordés que le moment venu, c'est-à-dire en 1995.

A plusieurs reprises, ceux qui l'approchaient trouvaient le Président fort mal. Les articles se répandaient sur sa maladie, les soins, les paliers, les étapes, les symptômes, les pronostics. Rien n'irritait plus Édouard Balladur. Était-ce parce qu'il avait vécu, une fois déjà, auprès d'un Président atteint d'un mal incurable, qu'il réagissait ainsi? Je le pense. Toujours est-il qu'il eut à conduire cette cohabitation dans une ambiance qui, sans une prudence de tous les instants, aurait pu devenir délétère. J'avais été frappé, comme d'autres, lors d'un dîner à l'Élysée à l'automne 1994, de la fatigue de François Mitterrand, mais j'avais aussi admiré sa capacité à se dominer qui, seule, put lui permettre de présider cette soirée en l'honneur du roi du Népal. Le toast traditionnel avait étreint les cœurs de tous ceux qui étaient présents. Malgré les micros, malgré le silence religieux, la voix du Président était quasi inaudible. Un siècle, disait-il, s'était écoulé depuis qu'un souverain du Népal s'était rendu en France pour la dernière fois ; cette occasion ne devait pas être perdue, il entendait jouer son rôle, tout son rôle. Il n'empêche, sa fatigue extrême, sa pâleur plus frappante que jamais allaient nourrir les échos et les dîners en ville plusieurs semaines. Pour sa part, jamais Édouard Balladur ne s'enquérait de la santé du Président lors de leur entretien hebdomadaire. Les confidences du Président sur ce sujet étaient longues et indiquaient sa volonté déterminée d'assumer ses fonctions pleines et entières, jusqu'au terme de son septennat.

François Mitterrand voulait achever son mandat avec toute la sérénité possible ; Édouard Balladur, quant à lui, souhaitait remplir ses obligations de Premier ministre ; la cohabitation devait organiser l'équilibre entre ces deux aspirations légitimes.

Durant les presque deux ans où j'ai dirigé le cabinet de Matignon, je n'ai évoqué en réunion le sujet des présidentielles que pour rappeler à chacun que notre rôle était autre. Un de mes anciens collaborateurs l'a regretté, cherchant je ne sais quelle manie du secret là où la réalité était différente : le cabinet du Premier ministre n'est pas une officine politique, encore moins une écurie présidentielle. Ceux qui ne le comprennent pas n'y ont pas leur place. Nous n'avions pas, à Matignon, de réunions secrètes, de conseillers occultes, de « gourou ». Peut-être avons-nous eu tort. L'élection présidentielle n'a pas tournée comme les uns ou les autres le souhaitions, mais les objectifs fixés par le Premier ministre lors de son discours de politique générale d'avril 1993 ont tous été atteints. Quand je le lisais alors, la tâche me paraissait écrasante. Deux ans après, elle était derrière nous et nous sommes partis avec l'impression d'avoir fait notre travail. Ce n'est pas désagréable.

A la fin de l'année 1994, pourtant, le problème présidentiel commença à devenir lancinant. Tous les esprits étaient tournés vers cette nouvelle frontière. Une fois de plus, comme en 1993, l'horizon s'arrêtait au jour de l'élection. Jusque-là tout était planifié, prévisible, au-delà s'étendait l'inconnu indéchiffrable.

L'automne avait été marqué par le vrai faux suspense « Delors ». Pendant quelques courtes semaines, l'histoire à la mode n'était plus l'avenir du couple que formaient Jacques Chirac et Édouard Balladur, mais le happening que Jacques Delors avait très savamment entretenu. Il y avait les confidences faites aux « proches », la famille hostile à l'aventure, le Parti socialiste qui se cherchait vainement un champion. Puis le président de la Commission de Bruxelles avait publié un livre (ça, c'était un signe !) ; il multipliait les entretiens et les contacts avec la presse. La confusion était à son comble mais l'opération se déroulait selon un scénario digne des meilleures commedia dell'arte. Le public appréciait et ne boudait pas son plaisir : les sondages montaient. Le non-candidat Delors faisait une course virtuelle presque seul en tête.

François Mitterrand abordait souvent ce thème dans ses entretiens avec le Premier ministre, mais en affirmant ne rien savoir. S'il y avait un secret, il était bien gardé. L'ensemble des socialistes, pour une fois unanimes, retenaient leur respiration dans une imploration muette. Le sauveur inespéré pouvait-il vraiment venir de Bruxelles ? La réponse tomba brutalement un dimanche soir, au cours d'un 7/7 particulièrement théâtral. Oui, Jacques Delors s'était senti un destin présidentiel, oui la France avait besoin des remèdes que depuis longtemps, il élaborait pour elle dans son laboratoire privé. Mais non, décidément, le malade ne méritait pas le remède. Trop difficile. Pas cette fois. Une autre peut-être. Merci de lui avoir fait confiance. L'histoire était finie. Sept ans plus tôt, François Mitterrand, interrogé par Paul Amar au cours du journal de vingt heures avait mis fin au suspense d'un petit « oui », d'une voix mal posée, mais qui avait emporté, deux mois plus tard, l'adhésion des Français. Cette fois la gauche n'avait pas trouvé de champion, il lui faudrait se rabattre sur une candidature de « principe ».

Les feux de la rampe se tournèrent alors sur la majorité qui n'allait pas manquer d'offrir une de ces compétitions fratricides dont raffolent depuis toujours les Français.

Depuis plusieurs mois, les différents courants qui composaient le RPR et l'UDF s'animaient en tous sens. Le premier débat avait porté sur l'opportunité de primaires à la française.

En théorie, les choses étaient assez simples : deux ans auparavant, les chefs de l'opposition libérale de l'époque s'étaient entendus sur le principe d'élections primaires. Charles Pasqua était l'inventeur de ce système. Il tenta, avec l'aval et l'appui d'Édouard Balladur, de donner vie à son projet, au long de l'année 1994. Mardi après mardi, le sujet était abordé d'une manière ou d'une autre au cours du déjeuner de la majorité. Chaque fois, un nouvel argument dilatoire était mis en avant par celui-ci ou celui-là. Personne n'y était vraiment hostile, c'eût été remettre en question un accord difficilement négocié, mais les chefs du RPR comme de l'UDF ne semblaient pas prêts à sauter le pas. Le ministre de l'Intérieur écrivit aux responsables des formations politiques de la majorité une lettre qui reçut des réponses plus sophistiquées chacune, mais qui ne faisaient pas avancer le débat d'un pouce. Le temps passa, si bien qu'à la rentrée de 1994 un consensus apparent se fit peu à peu : l'idée des primaires était tout à fait excellente mais malheureusement il était trop tard. C'était vraiment dommage ! A aucun moment, personne ne dit clairement la vérité : la situation du pays s'améliorait, la maîtrise du chômage s'amorçait, Édouard Balladur rencontrait des difficultés, mais il les surmontait. Chaque fois, c'était un peu, plus agaçant. Si des primaires étaient organisées, il n'y avait aucun doute : il les gagnerait. Donc, pas de primaires. La messe était dite.

Un mardi, Valéry Giscard d'Estaing qui restait souvent absolument muet lors de ces déjeuners, annonça qu'il souhaitait voir figurer le sujet des présidentielles à l'ordre du jour. Si je puis me permettre cette métaphore hardie, je rentrai la tête dans les épaules. Qu'allait-il se passer? Jacques Chirac n'assistait plus à ces réunions depuis l'été, mais ses partisans déclarés étaient présents : Roger Romani, Bernard Pons, Alain Juppé. Quant à Charles Millon, ses intentions n'étaient pas connues : il n'était pas encore candidat, ce qu'il serait quelques semaines plus tard, « pour mieux défendre les couleurs de l'UDF ».

Le président Giscard d'Estaing se lança dans une vaste fresque décrivant l'histoire des différents scrutins de la Ve République. Il fut brillant, comme à son habitude, et ménagea ses effets. Il nous apprit ainsi que le général de Gaulle l'avait consulté, comme d'autres, au moment de la réforme constitutionnelle de 1962, passa rapidement sur 1965, nous dit sa décision de ne pas être candidat en 1969 pour ne pas gêner l'élection de Georges Pompidou, s'étendit un peu sur 1974 et en vint enfin là où, visiblement, il voulait en venir : « C'est alors que certains, au sein même de notre majorité », nous dit-il en jetant un regard circulaire sur la table, s'arrêtant sur l'un ou l'autre, « c'est alors que certains décidèrent de m'abattre. Ils y parvinrent ».

Aujourd'hui encore je ne sais pas pourquoi, il avait décidé, ce jour-là, de nous faire ce rappel. Ce qui est certain, c'est qu'il était alors bien difficile de dire quelle position il prendrait à titre personnel.

Édouard Balladur, qui n'était en rien concerné par ces épisodes historiques, n'avait pas pris part à la conversation.

A chacune de ses apparitions publiques, lors de chacun de ses entretiens avec la presse, il devait répéter qu'il n'aborderait pas la question des présidentielles avant 1995.

Personne ne le croyait. A tort. Je reste persuadé que sa position n'était pas encore définitivement arrêtée. Il avait, lui aussi, des hésitations, lui aussi avait une famille, des goûts, une manière de vivre, chez lui, qui n'étaient pas forcément des éléments qui le poussaient à briguer la présidence de la République. Ses proches ne pesaient en rien sur sa décision, ni dans un sens, ni dans l'autre, mais il devait pourtant compter avec eux.

Pour les journalistes, depuis son arrivée à Matignon, la messe, là aussi, était dite : Édouard Balladur serait candidat. Comme l'histoire leur a donné raison, il est illusoire de vouloir les convaincre aujourd'hui qu'il a vraiment hésité. C'est pourtant vrai. Ce qui l'a décidé, c'est sûrement la conviction qui était la sienne, que sa politique était la bonne et qu'il était le mieux placé pour la défendre et la mettre en œuvre.

La vie politique française est ainsi faite que l'ambition présidentielle paraît la clef de voûte de toute ambition politique. Parmi les jeunes ministres qui composaient le gouvernement d'Édouard Balladur, plusieurs, dès 1993, inscrivaient déjà leur engagement dans une perspective présidentielle. Certains évoquaient ce sujet avec moi presque librement, j'allais dire naturellement.

Professionnels des joutes électorales qu'ils pratiquent depuis des années, ils n'ignorent rien des embûches qu'il leur faudra surmonter. Ils savent que la route sera longue et difficile, que leur vie personnelle devra s'effacer entièrement devant cette ambition dévorante. Pourtant c'est cette perspective-là qui éclaire leur vie. Beaucoup seront déçus. La plupart. Mais leur vie entière y sera consacrée.

Pour Édouard Balladur, les choses se sont présentées très différemment. A quarante ans à peine, il a connu le fonctionnement de l'Élysée, mais ce n'est que vingt ans plus tard que les circonstances l'ont conduit à s'interroger sur son destin personnel.

Au cours de son mandat de Premier ministre, nous n'eûmes que peu de conversations sur ce sujet. Je cherche encore à m'expliquer pourquoi. Évidemment, ce n'était pas une question mineure, simplement le fond de sa pensée en la matière devait être une sorte de « nous verrons bien ». Cela signifiait d'abord que, dans son esprit, le succès de son gouvernement était la première des conditions. Vue de très loin, il lui paraissait impensable de briguer les suffrages des électeurs s'il ne parvenait pas à améliorer sensiblement la situation du pays. En deux ans, ce n'était pas facile, chacun s'en rendait compte. Les leaders de la majorité avaient eux-mêmes fait ce constat. Avant avril 1993, son discours, comme son intention, est bien de redresser le pays : c'est ainsi d'ailleurs, que peu à peu, il s'impose dans l'esprit des Français et aux yeux du Président comme le futur Premier ministre. Son objectif n'est pas la présidentielle. Quelques mois plus tard, certains partisans de Jacques Chirac lancèrent le thème d'un pacte ayant existé entre eux. Je voudrais en parler avec clarté, sachant naturellement que je suis suspect de partialité. Je ne revendique ni une connaissance absolue de ce que se disaient Édouard Balladur et Jacques Chirac, ni une objectivité qui ne pourrait qu'être mise en doute. Pourtant, cette idée même d'un accord ou d'un partage des rôles entre les deux hommes me paraît, aujourd'hui encore, absolument folle. Jacques Chirac, candidat déclaré à l'Élysée, n'y a lui-même jamais fait allusion. Alors que débute en 1993 cette nouvelle cohabitation, peu d'acteurs du jeu qui va s'ouvrir se connaissent aussi bien que Jacques Chirac et Édouard Balladur. J'ai, en ce qui me concerne, assisté à beaucoup de leurs conversations, pas un jour ne s'est écoulé entre 1988 et 1993 sans que je ne sois le témoin d'au moins une conversation téléphonique entre eux : le partage de la France n'a jamais été à l'ordre du jour.

La réalité est autre. Jacques Chirac ne souhaitait pas redevenir Premier ministre en 1993 ; il l'avait été deux fois et deux fois dans des conditions difficiles. En 1974, il entretint très vite avec le président Valéry Giscard d'Estaing des relations d'une nature très différente de celles que le général de Gaulle eut avec Georges Pompidou ou ce dernier avec Pierre Messmer.

Avant la lettre, il expérimenta avec Valéry Giscard d'Estaing une cohabitation « numéro zéro ». Quand, douze ans plus tard, il devient le Premier ministre de François Mitterrand, la situation n'est pas plus facile. (Est-elle même tellement plus désagréable ? Ce n'est pas sûr.)

Édouard Balladur, lui, entre la rue de Rivoli et Matignon, a consacré cinq années à la réflexion politique, il a envie d'exercer le pouvoir et sa nomination est tellement plausible que le soir du deuxième tour des législatives de 1993, c'est en bas de chez lui que se massent les journalistes.

A ce moment, pour Jacques Chirac, Édouard Balladur n'est pas dans le jeu présidentiel, même si, quand l'échéance de 1995 est abordée entre eux, le maire de Paris, fort courtoisement, conseille à son ancien ministre des Finances de ne jamais dire qu'il ne sera pas lui-même candidat. Courtoisie d'autant plus innocente, que pour lui, son interlocuteur n'appartient pas vraiment à la classe politique. Sentiment qu'Édouard Balladur n'est pas loin alors de partager.

En avril 1993, rien n'est donc décidé, les relations sont bonnes, souvent empreintes d'humour. A l'observateur que je suis, ils donnent l'impression de se parler de puissance à puissance : entre eux, rien ne se négocie. Ni l'un ni l'autre n'oseraient aborder la question des prochaines échéances. Une fois pourtant, le maire de Paris évoque les présidentielles « de dans deux ans » et s'enquiert du soutien que pourrait lui apporter le tout nouveau Premier ministre. « Mon soutien sera à l'aune de celui que vous me manifesterez », lui fut-il répondu.

Pendant quelques mois, les choses s'engourdissent. Dans l'ombre pourtant, tous ceux qui prévoient, espèrent ou redoutent un affrontement entre les deux hommes, s'activent. Les livres se préparent, l' « amitié de trente ans » est longuement célébrée et décrite, jusqu'à ce qu'on s'aperçoive d'ailleurs que ces amis si chers n'ont jamais déjeuné en tête à tête avant les années 1980.

Peut-on imaginer deux hommes plus dissemblables ? J'avais eu l'occasion d'observer un phénomène étrange : réunis, leurs traits de caractère s'accusaient. Le député du xve devenait, en présence de Jacques Chirac, plus... balladurien encore, le maire de Paris lui-même redoublait d'activité, de téléphones, bref de chiraquisme, devant Édouard Balladur.

Un jour de la fin du mois d'août 1992, Jacques Chirac avait sollicité les avis d'Édouard Balladur sur un projet de discours qui lui était proposé. Invité à me joindre à la partie, je m'étais retrouvé, par un chaud après-midi, dans l'immense bureau du maire de Paris aux côtés d'Édouard Balladur pour retravailler ce texte. Jacques Chirac, quant à lui, remettait des médailles et encore des médailles sur le parvis. Inquiet de notre confort et des progrès de l'entreprise, entre chaque groupe de médaillés, il remontait nous voir à longues enjambées, nous offrant cigares, thé, café, petits gâteaux ou sucreries nécessaires à notre production intellectuelle. Qui peut dire la qualité et la nature exacte des relations entre deux hommes ? Ce que moi je sais, c'est qu'il y avait entre eux une curiosité amusée de leurs différences, un humour partagé.

Je suis persuadé que cette sensation-là, ils l'ont gardée l'un et l'autre, malgré tout ce qui s'est passé.

La veille du deuxième tour des présidentielles, à la demande de Jacques Chirac, une rencontre a lieu dans le bureau de René Monory, président du Sénat. La situation n'est facile ni pour l'un ni pour l'autre. Treize jours plus tôt, avec beaucoup de hauteur de vue, sans arrière-pensée, sans négociation préalable, dès vingt heures, Édouard Balladur a annoncé qu'il soutiendrait Jacques Chirac au second tour et demandé aux millions de Français qui lui avaient fait confiance de l'imiter. Il n'empêche, la conversation des deux hommes ce jour-là n'est pas forcément libre et spontanée. Je n'y ai pas assisté, mais la relation que le Premier ministre m'en a faite me donne à penser que quelque chose de cet ancien amusement avait subsisté. Après des considérations obligées sur la journée du lendemain, les vraies fausses inquiétudes de Jacques Chirac devant la montée de Jospin, la question du communiqué se posa. Le maire de Paris prit la plume sur le conseil du Premier ministre et le texte s'élabora en commun. « Vous pourriez me renouveler votre soutien, c'est important pour moi », dit l'un. « Oui, naturellement, dit l'autre. Mais vous, vous pourriez peut-être commencer par me remercier du soutien que je vous ai apporté la semaine passée, sans barguigner ! » Et, cahin-caha, le communiqué « commun » s'écrit à une main, celle de Jacques Chirac, mais à deux voix.

20

La campagne

Janvier 1995, les trois coups sont frappés, nous entrons en campagne. Pour tous, et d'abord pour celui qui est le Premier ministre, il faut sauter dans le vide, quitter l'ordre établi, accepter cette mise en cause fondamentale qu'est l'élection présidentielle.

Une machine, entièrement différente de Matignon, doit se mettre en place immédiatement. Depuis plusieurs semaines des locaux ont été trouvés pour le cas où, mais aucune décision n'étant prise, et encore moins rendue publique, tout est à faire dans les mille mètres carrés que nous loue la Société française d'horticulture, rue de Grenelle, et qui deviendront, pour plusieurs semaines dans le vocabulaire de tous, le « 84 ».

Il avait d'abord fallu nommer un directeur de campagne ; compte tenu de l'organisation établie depuis plusieurs années entre le Premier ministre et moi, ce n'était pas simple. J'avais d'abord proposé que cette fonction fût confiée à un préfet chevronné qui avait occupé au sein de l'État des responsabilités très diverses ; les choses n'ayant pu se faire, le débat se déplaça sur le terrain politique : fallait-il un UDF ou un RPR ? Compte tenu du fait que les sondages étaient alors plutôt « porteurs », les appétits s'aiguisèrent assez vite. Pour couper court à tout, c'est à moi que revint cette tâche. Je ne l'avais pas souhaitée mais, évidemment, je ne l'ai pas refusée. J'ai quitté Matignon le 1er février 1995, en même temps que j'abandonnais mes fonctions de directeur de cabinet. Malgré l'euphorie relative de ce début de campagne, c'est avec tristesse que j'ai cessé d'être le « dir-cab ». L'issue m'était inconnue et je savais que je quittais ces fonctions pour ne plus jamais les occuper. Immédiatement, et par contraste avec ce que je découvrais rue de Grenelle, Matignon m'apparut comme un havre de paix, d'ordre et de bon fonctionnement. L'équipe de campagne, constituée à la hâte par définition, puisque la décision d'Édouard Balladur ne fut prise et rendue publique que très tard, n'avait rien à voir avec un cabinet.

Plusieurs fonctions cohabitaient, comme au sein d'une entreprise : la cellule politique censée donner les impulsions, la cellule communication et presse chargée d'organiser les événements et de répondre aux centaines d'entretiens, le service du courrier qui, en deux mois, devait traiter plusieurs milliers de lettres et enfin, l'entité « déplacements » qui devait gérer les voyages du candidat et des personnalités politiques qui le soutenaient.

L'ensemble constituait une équipe de deux cents personnes dont la diversité n'est, à mon sens, nulle part atteinte dans d'autres organisations. Un point commun nous réunissait : la certitude qu'Édouard Balladur serait un bon président pour la France, le meilleur.

Mais pour le reste, nous formions à nous tous, un inventaire que Prévert, encore une fois, eût trouvé à son goût.

Au sein de la cellule politique qui se réunissait chaque matin dans mon bureau, se côtoyaient les pasquaiens William Abitbol et Jean-Jacques Guillet, Nicolas Sarkozy et Brice Hortefeux, la centriste Marielle de Sarnèze et le léotardien Renaud Donnedieu de Vabres. Ils avaient tous fait campagne les uns contre les autres, au moins au premier tour d'une consultation, quelquefois au second. Ils éprouvaient donc une curiosité certaine à se retrouver cette fois au coude à coude. Chaque équipe avait ses bureaux, ses militants, en principe sa tâche et surtout sa façon de faire campagne. A la visite des lieux, les nuances politiques s'affichaient sans complexe : à un bout du quatrième étage, une superbe photographie de Charles Pasqua indiquait que l'esprit du ministre d'État, ministre de l'Intérieur et de l'Aménagement du territoire, habitait les lieux ; quelques travées plus loin, une photographie d'Édouard Balladur accompagné de François Léotard délimitait le territoire républicain. Ces bureaux s'animaient, s'emplissaient ou se vidaient selon un rythme qui leur était propre : dans les limites de l'efficacité, chacun faisait campagne un peu à sa manière.

Pour tous, le fond de sauce était le même : affiches du candidat, slogans de campagne, organisation des meetings, musique. Autant de choix qu'il avait fallu faire vite. Comment les juger aujourd'hui ? Puisque nous avons perdu, il faut bien qu'il y ait eu des erreurs.

On a reproché à l'affiche de campagne de présenter une image du candidat trop réduite : marchant dans la rue, son visage apparaissait plus petit que ses concurrents sur leurs affiches. Peut-être était-ce un tort.

La musique des meetings reste très présente dans ma mémoire : reprise de la bande du film *Christophe Colomb*, elle me fait frissonner encore quand je l'entends. Diffusée par les milliers de watts des enceintes géantes, elle accompagnait la lente, très lente traversée de la foule par Édouard Balladur. Ces minutes-là récompensent de tous les efforts d'une campagne.

L'affection, les espoirs, l'adoration d'une foule ont quelque chose d'absolument magique, de littéralement charnel. Il se produit une alchimie bizarre qui, seule, permet aux candidats de tenir ce marathon insensé. Soupçonné de ne pas aimer ce genre de sport par tous ceux qui, innocemment ou non, voulaient le caricaturer, Édouard Balladur a aimé, j'en suis le témoin, cet aspect-là au moins de la campagne présidentielle.

Au Bourget, nous avions décidé de montrer que le balladurisme pouvait, lui aussi, être une aspiration populaire. L'organisation générale de la manifestation, qui réunit plus de quinze mille personnes, fut confiée à Hubert Bassot, tragiquement disparu depuis dans un accident de voiture. Les campagnes, Hubert les avait toutes faites et, en particulier, celle de Valéry Giscard d'Estaing en 1974. Devenu sincèrement balladurien, il mit toute sa fougue, son génie peu orthodoxe et pas du tout « pensée unique » dans ce meeting, le plus réussi de la campagne. Député de Tinchebray en Normandie, il était pour moi un peu comme la réincarnation de Roger de Tinchebray, dit « Nez-de-cuir », héros de La Varende, qui berça mon enfance.

Ce jour-là, tout fut parfait, les forains mêlés aux badauds du balladurisme, la foule heureuse et vivante, les militants réconfortés de se sentir si bien ensemble et enfin le discours d'Édouard Balladur prononcé dans un aimable charivari. Pendant plus d'une heure, j'ai frémi de plaisir et d'anxiété ; de plaisir parce que les phrases tombaient juste, que les périodes s'envolaient facilement : « La France est grande quand elle est un exemple pour le monde ; la France est grande quand elle sait dire NON au terrorisme », etc. Mais je frémissais aussi parce que j'avais laissé envahir l'estrade par plusieurs centaines de jeunes qui, après avoir dansé et chanté, s'étaient entassés au pied du micro du candidat. A tout moment, l'ensemble pouvait s'effondrer : la menuiserie, que j'avais visitée la veille, n'avait absolument pas été conçue pour supporter un tel poids.

Déjà, un mois plus tôt, à la fin d'un meeting, le premier, beaucoup plus sage pourtant celui-là, l'estrade avait cédé en plusieurs endroits, envahie par le public. Cette fois, il y avait dix fois plus de monde : la presse, les télévisions du monde entier. Par je ne sais quelle grâce, tout a tenu.

Malheureusement pour lui, le candidat n'était pas simplement candidat, il était également Premier ministre. Partout où nous allions, des manifestations de telle ou telle catégorie étaient annoncées : agriculteurs minoritaires, étudiants à Toulouse, victimes du sida. Chaque fois, Pierre Mongin, avec le savoir-faire acquis dans ses fonctions préfectorales, s'efforçait de recevoir ou de faire recevoir les délégations. Les choses se passaient en général bien, mais pas toujours.

A Toulouse, j'ai négocié pendant toute la durée du discours d'Édouard Balladur avec un quarteron d'étudiants, tête de pont avancée d'un groupe de manifestants qui, dotés des tee-shirts de la campagne, avaient « infiltré » le meeting et menaçaient d'y semer le désordre. Quelle importance ? dira-t-on. Ces meetings qui réunissaient entre cinq mille et dix mille personnes et qui consommaient une grande part des ressources physiques et financières de la campagne, valaient essentiellement par les « reprises presse » que l'on pouvait en attendre. Les quinze secondes de télévision qui en rendaient compte revêtaient une importance toute particulière. Les sifflets de trois crétins dans un meeting de cinq mille personnes faisaient donc l'actualité de telle ou telle réunion. Et la télévision, comme les radios, ou la presse écrite, de reprendre : « Au cours de son meeting à Trifouillis-les-Bains, Édouard Balladur, Premier ministre, a été sifflé par des (étudiants, agriculteurs, pêcheurs, femmes, hommes, enfants, amis des animaux, adolescents, retraités, préretraités, salariés du secteur public, employés du secteur privé, ouvriers de l'aéronautique, éleveurs de volailles) mécontents de la politique gouvernementale ! »

Avec courage, Édouard Balladur menait de front ses deux métiers : Premier ministre d'une cohabitation où, le Président luttant contre la maladie, il devait être particulièrement attentif à tout, et candidat.

Critiquée au départ, la campagne du Premier ministre devint de plus en plus efficace et, comme telle, saluée par les observateurs dans les dernières semaines. Trois jours avant l'échéance, nous organisâmes un minitour de France, de Lyon à Saint-Amour, pour terminer à Rouen. En quarante-huit heures, le candidat dut prononcer plus de douze discours ; nous bûmes du beaujolais à huit heures du matin avec un délicieux saucisson, deux heures plus tard, les brioches de Saint-Amour nous permirent de patienter jusqu'aux tartes normandes : nous ne savions plus ni quel jour nous étions, ni où nous nous trouvions : la campagne se terminait.

Comme prévu, elle avait été difficile, nous le savions ; nous avions pu l'éprouver. Rien ne fut épargné au candidat ou à ceux qui le soutenaient. Quelques semaines avant le début de la campagne, un livre consacré aux « horreurs des campagnes » expliquait que l'offensive était déjà lancée et détaillait, en les savourant, quelques-uns des ragots les plus « goûtus ». Il n'eut pas le succès qu'en escomptait son auteur. Regrettons-le pour lui.

En pleine campagne, cette fois, un livre pseudo-scientifique (délicat euphémisme) parut, avec pour titre *En examen*, écrit en gros caractères et un sous-titre « Pour manipulation des sondages ». Explicite, la page de couverture faisait figurer la photographie d'Édouard Balladur flanqué de Nicolas Sarkozy et de moi.

Il ne connut pas, lui non plus, un grand succès littéraire. Il n'empêche, cela donne une idée du climat. Nous n'avons jamais perdu de temps à essayer de savoir d'où venaient les coups. Nous n'y serions pas parvenus. Nous avions d'autres préoccupations, plus dangereuses encore. A vrai dire, je crois qu'elles furent, pour la campagne, absolument mortelles.

Au tout début de l'année, MM. Schuller et Maréchal devinrent pour quelques semaines les héros d'un drame politico-judiciaire qui, en quelques jours, leur acquit une réputation à la hauteur des couples célèbres. Seulement, ces Laurel et Hardy-là nous ont fait bien moins rire que les originaux.

Tous les ingrédients d'un mauvais roman de gare étaient réunis : une mallette d'argent (ou de cigares ?), des rendez-vous surprise dans les aéroports, peut-être une intrigue sentimentale, la proximité sulfureuse du monde politique, en arrière-plan le dossier des « HLM » – expression générique confuse mais lourde de mystère – et enfin, et surtout, des écoutes téléphoniques. C'est par ce biais que « l'affaire » allait nous rattraper.

La loi, depuis 1991, confie au Premier ministre la responsabilité des écoutes téléphoniques dites administratives, par opposition à celles décidées par les magistrats, qualifiées de judiciaires. Traditionnellement, le directeur du cabinet et le préfet chargé de la sécurité assument cette fonction. Pendant un peu plus de cent semaines, j'ai reçu l'officier général chargé de commander le GIC, Groupement interministériel de contrôle : modèle de discipline et de rigueur, il doit veiller sur un service par définition sulfureux où les secrets ne doivent jamais sortir, sauf décision des plus hauts sommets de l'État, dans l'intérêt du pays. C'est peu dire que ces activités sont du ressort du secret défense. Elles sont tout naturellement et tout simplement secrètes. Les procédures utilisées sont normalement étanches. Seul le dispositif d'urgence permet un branchement sans l'aval de Matignon, à l'initiative du service demandeur. Il peut s'agir de la police judiciaire, des renseignements généraux, de la DST, de la DGSE ou, éventuellement, de la direction du renseignement militaire.

En l'occurrence – ceci est aujourd'hui du domaine public – c'est cette procédure d'urgence qui avait été employée par la police pour placer sur écoute la ligne du Dr Maréchal. Cette écoute s'était révélée vaine, l'intéressé étant parti en vacances, elle fut donc démontée. Il n'empêche, elle n'entrait pas dans le cadre de la loi et n'avait pas été autorisée a priori par Matignon.

Lors de la régularisation, l'identité réelle de la « cible », c'est-à-dire, pour parler clair, les liens familiaux du Dr Maréchal avec le juge Halphen n'avaient pas été mentionnés ; le motif allégué avait été occulté et rédigé pour paraître en conformité formelle avec la loi : rien donc ne s'opposait à cette régularisation, qui lui fut accordée.

Quelques semaines plus tard, cette affaire revint comme par enchantement sur le devant de la scène. Interrogé sur France 2, Édouard Balladur indiqua fort justement que la procédure, vue de Matignon, avait été parfaitement régulière : c'était absolument indiscutable. Mais il était également clair que Matignon n'avait pas été convenablement informé. Dès le lendemain, les conséquences en furent tirées : le directeur central de la police judiciaire quittait ses fonctions. Du point de vue de l'État, l'affaire était réglée. Sur le plan politique, les conséquences furent désastreuses. Pendant plusieurs jours, le Premier ministre, candidat, ne fut plus interrogé que sur ce sujet qui lui était absolument étranger. On parla même de Watergate. On nageait dans le grotesque avec la complicité passive des médias qui voyaient dans ce rebondissement inattendu une relance de la campagne, tant ils redoutaient depuis janvier qu'elle fût jouée d'avance !

Les sondages s'effondrèrent, certains de nos soutiens prirent peur et amplifièrent le phénomène.

Dans le même temps, une circulaire directement contraire aux instructions d'Édouard Balladur fut publiée au sein du ministère de l'Enseignement supérieur. Elle mit en émoi les étudiants des IUT. Nous n'avons même pas eu à nous demander si quelque part s'était glissée une malveillance : objectivement le mal était fait.

Ce furent cette fois les sondeurs qui prirent peur. Collectivement. Depuis plus de six mois, ils annonçaient que les jeux étaient faits : l'hypothèse la plus vraisemblable s'évanouissait sous leurs yeux. Ils avaient, pendant des semaines, incité les commentateurs à gloser sur le rapport de force entre Édouard Balladur et Jacques Chirac.

Ils continuèrent, mais en inversant les facteurs. Aucun ne vit ou même ne pressentit la percée de

Lionel Jospin. Les plus amicaux espacèrent leurs appels téléphoniques. Vers la fin de la campagne se déclencha, comme chaque fois, une véritable guerre des vrais-faux sondages. Peu importait qu'ils fussent crédibles, il fallait semer pour tenter de récolter, il fallait de plus réconforter les troupes.

Vint aussi le temps des fausses nouvelles et des calomnies pures et simples.

Contraint de se poser en rase campagne parce que l'hélicoptère qui le transportait en Provence n'était pas équipé pour traverser le brouillard, Édouard Balladur n'attendit pas la voiture de gendarmerie et, toujours impatient, partit à pied sur la route. Il fut pris en stop par une jeune femme qui passait par là : elle se trouvait être une cousine de l'ancien attaché parlementaire du Premier ministre. Il n'en fallut pas plus pour que les équipes adverses glosent sur cet épisode, qu'ils nous accusèrent d'avoir créé artificiellement. L'affaire n'aurait pas d'importance si, plusieurs mois après, un journaliste respecté et plutôt amical ne m'avait posé la question pour « savoir enfin la vérité ».

Même lui avait cru que nous aurions pu nous livrer à ce genre de mascarade et qu'Édouard Balladur s'y serait prêté ! Pour prouver quoi ? Qu'il savait marcher ? Lui qui, pendant ses vacances chamoniardes, organise chaque jour des marches en montagne de plusieurs heures ! Lui qui nous avait fait prendre les gorges du Verdon en hélicoptère par temps bouché pour ne pas être en retard !

Chaque semaine, je réunissais dans le grand amphithéâtre de la Maison de l'horticulture l'ensemble de l'équipe de campagne : tous mes efforts tendaient vers un seul but : qu'ils ne perdent pas espoir. Vers la fin de la campagne, nous avons tous eu l'impression que notre candidat remontait rapidement : la médiocrité des sondages (ou plutôt la médiocrité de leurs performances) ne nous permet pas de dire ce qui s'est réellement passé, mais collectivement, il nous a semblé qu'il nous manquait quinze jours !

21

Où l'on tente de comprendre pourquoi l'espoir fut déçu

C'est dans cette ambiance de fin de campagne que j'ai fait mes premières prestations « médiatiques ». D'un naturel plutôt réservé et même carrément septentrional, je ne trouvai l'exercice guère facile. Au surplus, les conditions politiques n'étaient pas particulièrement favorables. Pour qualifier l'état d'esprit des journalistes, Nicolas Sarkozy avait une formule qui me paraissait judicieuse : « Ils croient que nous sommes morts, mais nous posent la question pour que nous confirmions ! » C'est assez agréable. Étant directeur de campagne, la première question qui m'était posée était toujours la même : « Qu'est-ce qui ne marche pas ? » ou « Pourquoi allez-vous perdre ? »

Malgré ces prémisses un peu abruptes, j'ai mieux compris, ou plutôt mieux ressenti, l'espace de quelques semaines, ce lien intime que la classe politique entretient avec l'audiovisuel. Les minutes qui précèdent l'émission, lorsqu'elle est en direct, ont quelque chose de magique. En quelques secondes, la maquilleuse la moins douée fait oublier le teint verdâtre que deux années de Matignon vous ont patiemment infligé, pour vous donner une jolie couleur saumon fumé que des semaines de vacances ne sauraient vous offrir. Alors le véritable exercice commence : essayer en quelques secondes de faire passer une idée (c'est déjà beaucoup). Ce n'est pas si simple qu'il y paraît.

Pour les candidats eux-mêmes, la fatigue des meetings, la charge émotionnelle sont, à l'évidence, décuplées. Seule la volonté, l'ardeur dirait Jacques Chaban-Delmas, leur permet de tenir. Même lorsque la chance vacille.

Un lundi de fin février, Édouard Balladur m'accueille par ces mots « Voilà, c'est fait ». Pendant quarante-huit heures, il avait tourné et retourné dans sa tête toutes les hypothèses, dont celle de sa défaite. Il en avait mesuré les effets, les conséquences, sur lui, sur sa famille, sur ses proches. Il les avait acceptées, comme une épreuve qu'il saurait surmonter. Avec beaucoup de calme. Pour lui qui veut être toujours prêt, ne pas être surpris, le fait que son sort dépende d'un événement extérieur avait quelque chose de nouveau, de presque insupportable. « Je veux être libre », a-t-il coutume de dire. Libre s'entend aussi par rapport au destin. Ce matin-là, je ne sais pourquoi j'ai pensé à mes cours de philosophie et à cette définition du stoïcien sur laquelle il y a un peu plus de vingt ans je planchai : « Ne pouvant avoir tout ce qu'il veut, il veut ce qu'il a. » Le stoïcisme est une résignation, m'avait-il dit pourtant. Être prêt à tout ne signifie pas que l'on se résigne.

Nous avons fait la campagne que nous avons faite ; elle n'était pas bonne puisque le candidat que nous soutenions n'a pas été élu. A quoi bon, un an plus tard, ressasser et tester des hypothèses qui commencent toutes par « et si » ? Ce qui est fait est fait.

Ayant pleinement exercé ses fonctions de Premier ministre, dans une période de cohabitation marquée au surplus par l'affaiblissement physique du président de la République, Édouard Balladur était en 1995 à n'en pas douter, le sortant. Il avait hérité d'une situation difficile : d'un coin à l'autre de l'échiquier politique, il était épié, guetté, attendu. Sa tâche était parmi les plus difficiles, mais pour les Français, en mars, il était « le » pouvoir.

Pêle-mêle, l'hiver, le chômage, le Sida, le trou de la Sécurité sociale, l'insécurité, l'immigration, les impôts, tout ce qui gêne et qui oblige, c'était lui. Ce printemps 1995, les Français ont voulu zapper.

Depuis plusieurs mois déjà, Les Guignols de l'Info, dont l'objet principal n'est certes pas de faire la promotion de tel ou tel homme politique, semblaient « régler un compte ». Naturellement, tous ceux qui ont l'honneur d'y figurer (ou plutôt d'y être « défigurés ») sont plus ou moins tournés en ridicule. Mais il y a façon et façon. La satire d'Édouard Balladur fut plus que cruelle : injuste et ravageuse – et ce, très exactement, depuis que l'ancien président de la chaîne qu'il avait créée feignait de se croire victime d'une machination ourdie à Matignon.

Chacun se souvient de l'article publié par le journal *Le Monde* où André Rousselet accusait, reprenant le célèbre : « Omar m'a tuer », du crime de

Mougins : « Édouard m'a tuer. » Aurait-on quelque mal à l'admettre, Matignon n'était intervenu en rien dans la constitution du pacte d'actionnaire entre les deux entreprises privées Havas et la Générale des Eaux. Édouard Balladur n'était effectivement pas au courant de ces négociations, qui ne concernaient pas l'État. Pourquoi l'aurait-il été ? Il n'aurait eu aucun intérêt à agir ni pour ni contre aucun des protagonistes, qu'il ne fréquentait pas.

Je ne peux pas penser qu'André Rousselet ait, en son for intérieur, cru aux accusations qu'il portait. Il savait que le Premier ministre n'avait, à son endroit, aucune animosité. Il n'empêche, le coup porta un tort considérable au Premier ministre. Le président de la République, dont André Rousselet était proche – il est aujourd'hui son exécuteur testamentaire – me fit même sur le sujet l'honneur d'une brève conversation.

Peu sujet aux épanchements, en tout cas avec moi, il me prit à part, à l'issue de l'un des conseils de défense consacrés au Livre blanc ou à la loi de programmation, pour me dire que, bien évidemment, la philippique de M. Rousselet ne lui avait été ni communiquée ni soumise, et qu'il me chargeait d'informer le Premier ministre qu'il l'avait découverte dans *Le Monde*.

Si François Mitterrand mettait tant d'attention à se démarquer d'un simple article de presse, c'est qu'il avait, en expert, mesuré les effets dévastateurs de ce vilain pamphlet.

Canal+ et en particulier Les Guignols ont un écho tout à fait déterminant sur le « microcosme ». La chaîne cryptée est plus qu'à la mode, elle fait la mode ; quant aux scénaristes des Guignols, ils semblent parfois qu'ils plongent jusque dans l'âme des pauvres marionnettes qu'ils animent chaque soir. Qu'ils soient exceptionnellement talentueux ne signifie nullement qu'ils soient justes. Aussi bien d'ailleurs ne prétendent-ils pas à l'équité.

La fin de l'après-midi du dimanche, premier tour de l'élection présidentielle, donna du paysage politique une image radicalement différente de celle qu'avaient prévue les sondeurs. Lionel Jospin devançait tout le monde, Jacques Chirac et Édouard Balladur étaient au coude à coude, avec un écart devenu « non significatif » aux alentours de dix-neuf heures. Mais nous savions que même une égalité des chiffres ne suffirait pas, les DOM–TOM s'apprêtant à creuser l'écart en faveur de Jacques Chirac durant la nuit.

Édouard Balladur avait, la veille, rédigé deux textes, l'un s'il était devant Jacques Chirac, l'autre derrière. Pour ne pas être surpris.

Très vite, Édouard Balladur décida d'apporter sans conditions son soutien à Jacques Chirac devant la foule de ses soutiens évidemment déçus. Il y eut un brouhaha.

« Je vous demande de vous taire ! » Comment pouvait-il mieux affirmer son caractère ? Lui s'était préparé depuis de longues semaines à l'hypothèse d'une défaite. En une courte déclaration presque brutale, il a, fait unique, apporté « sans barguigner » les 18 pour cent de l'électorat qui lui avaient fait confiance au futur président de la République.

Il n'a pas téléphoné, pas négocié. S'il ne les avait pas invitées au report avec cette autorité, la déperdition des voix, entre les deux tours, aurait sérieusement compliqué les choses. Pour autant, à qui aurait-elle profité ?

Pendant que le Premier ministre faisait cette déclaration, j'errais de plateau de télévision en plateau de télévision pour témoigner, par mon affliction, que ce qui était arrivé était bien arrivé.

Je ne peux pas dire que ces souvenirs-là soient les meilleurs. Que pouvais-je ajouter cette fois d'intelligent ? Rien.

Je devais supporter, au sens français mais aussi britannique, les discours « victorieux » ; je me souviens, je ne sais pourquoi, d'une phrase qui se voulait venimeuse de Paul-Loup Sulitzer : « Oui, oui, monsieur Bazire, les technocrates ont perdu. » Je ne garantis pas le mot à mot, mais c'était l'esprit, si je puis dire, de celui qui, l'espace d'une soirée, se sentait naître une vocation d'intellectuel du nouveau régime ; ce n'était pas méchant. D'ailleurs, il ne l'est pas (méchant).

Sur une autre chaîne, je fus pris à partie par une infirmière qui, me confondant avec Philippe Douste-Blazy, me reprocha agressivement d'avoir refusé de la recevoir. Détrompée par le présentateur sur mon identité, elle renchérit, avec beaucoup de force – et, je l'avoue, de justesse –, en indiquant que je ne l'avais pas reçue non plus.

Il ne faut pas perdre.

Édouard Balladur partit à Chamonix. Le samedi suivant, la majorité unie se retrouva à Bagatelle pour écouter Jacques Chirac. Le Premier ministre était revenu de ses montagnes pour manifester publiquement son soutien. Ce fut, à n'en pas douter, une épreuve et des plus rudes pour lui. La foule des militants l'accueillit pourtant bien. Nicolas Sarkozy et François Léotard, ses plus fidèles soutiens pendant la campagne, furent eux, salués par des sifflets hostiles et bien organisés. *Vae victis.*

Une place au second rang m'était réservée au milieu des futurs dignitaires du régime. Mon voisin était Éric Raoult que je n'avais pas revu depuis au moins six mois. Il avait pris une part des plus actives dans la campagne de Jacques Chirac. Son accueil fut cordial.

Les semaines qui suivirent furent sans saveur. Après la fébrilité des deux années qui venaient de s'écouler, elles parurent s'éterniser. Le pays « administratif » s'engourdissait dans l'attente de ses nouveaux maîtres.

Avec le recul des mois, Matignon et la campagne ne se confondent plus. Durant ces deux années, l'objectif que s'était assigné Édouard Balladur avait été atteint et le chômage, plusieurs mois après son départ, a continué à baisser. Nous avons connu des crises mais finalement assez peu. En 1995, la France allait mieux que deux ans plus tôt. S'il ne devait me rester qu'une impression, je voudrais que ce soit celle-là : avoir participé, serait-ce insensiblement, à ce petit mieux.

Mon intention n'a pas été de décrire cette période avec exhaustivité ; je n'en avais ni le talent ni le goût. Je n'ai pas voulu non plus tracer le portrait d'Édouard Balladur : d'autres s'y sont essayés ; certains pendant la campagne, à la faveur d'articles ou de livres plus ou moins inspirés, l'ont prétendu. A les lire, il me semble découvrir quelqu'un que je ne connais pas. Certes la période, par nature, devait alimenter « les campagnes », mais à ce point?

Qui l'affaire « GSI » visait-elle ? Était-ce bien celui dont je savais qu'il avait, dès son arrivée à Matignon, renoncé à sa pension du Conseil d'État, au profit des anciens combattants ? Faut-il donner de la publicité à tout, faire feu de tous les sentiments ? A tort peut-être, Édouard Balladur ne l'a pas voulu. Il ne m'appartient pas, aujourd'hui, de le faire à sa place.

★

Ces deux années ont été exceptionnellement riches en émotion, en crises, en joies également.

De Matignon, je garde un souvenir brûlant et chaleureux. Pour moi, ce fut d'abord la poursuite de mon travail auprès d'Édouard Balladur; sans la confiance qu'il m'a manifestée, je n'aurais pas tenu quarante-huit heures. Mais ce fut aussi une équipe vraiment amicale, certes constituée pour la plupart de purs « technocrates », mais que je retrouve à intervalles réguliers avec une joie véritable.

Chaque jour, je passe en voisin devant Matignon, ses portes se sont refermées.

Le passant anonyme ignore que, derrière cette façade un peu austère, s'étend comme un joyau le parc que j'ai admiré, sans m'en lasser, plus de sept cents jours. Il ignore que, quelque part, dans un bureau ou dans l'autre, les amants de Rodin n'en finissent pas de s'aimer pour faire mentir le titre que leur donna le sculpteur : *Fugit amor.*

Sept années ont pris fin. Sept ans de bonheur, qui ont marqué ma vie.

Édouard Balladur a connu de nombreuses épreuves. Elles ne l'ont pas découragé. Parfois, il s'évertue à paraître indifférent, sans intérêt pour les débats quotidiens, ailleurs même. Il ne faut pas s'y laisser prendre. Ce n'est qu'une apparence qu'il cultive volontiers. Son caractère ne le pousse jamais au moindre renoncement.

Un an après, les pourfendeurs d'alors de la « pensée unique » en sont pour leurs frais. Se répand dans le pays et le Paris politique le sentiment qu'Édouard Balladur n'avait peut-être pas tort, qu'il proposait les vraies solutions pour l'avenir, qu'il a été victime, d'une certaine manière, de son refus de jouer le jeu politicien et l'électoralisme de mise aux présidentielles. Il l'a payé. Aujourd'hui, il poursuit sa route. Le balladurisme n'est certes pas mort.

Ma déception surmontée, il m'a fallu choisir ma voie. Je n'aurais pas imaginé qu'elle ne puisse être la même que lui. Mais enfin, les faits étaient là. Force était de m'en accommoder. Il m'y encouragea.

Après la vie de cabinet, ses satisfactions, sa déception finale, j'avais le désir d'autre chose. Souvent j'ai changé d'avenir. J'aurais voulu être médecin. J'ai été officier de marine ; magistrat à la Cour des comptes, j'ai passé quelques années dans la vie publique, jouant un rôle modeste dans les affaires du gouvernement et de la politique.

Aujourd'hui, à la banque Rothschild, j'habite un autre cadre. Je ne veux pas être prisonnier du passé.

Du moins, l'épreuve d'avril 1995 m'aura-t-elle permis de me remettre en cause, de sortir des rails que je pensais tracés à l'avance.

On ne peut organiser l'avenir, je le sais. On peut tout faire pour qu'il soit conforme à ce que l'on souhaite. Je m'y efforce.

Demain reste imprévisible.

Table

Cet ouvrage a été composé et réalisé par la
SOCIÉTÉ NOUVELLE FIRMIN-DIDOT (Mesnil-sur-l'Estrée)
pour le compte de LA LIBRAIRIE PLON

Achevé d'imprimer le 26 avril 1996

Imprimé en France
N° d'édition : 12644 – N° d'impression : 34492
Dépôt légal : mai 1996